◎吴琦玲
HAO FUMU HAO PENGYOU

好父母好朋友

一个家长学校心理咨询教师的教育手记

西藏人民出版社

图书在版编目(CIP)数据

好父母　好朋友/吴琦玲著.—拉萨：西藏人民出版社，2010.6
ISBN 978-7-223-02871-4

Ⅰ.①好… Ⅱ.①吴… Ⅲ.①家庭教育 Ⅳ.①G78

中国版本图书馆 CIP 数据核字（2010）第 069183 号

好父母　好朋友

作　　者	吴琦玲
责任编辑	李海平　谷雅丽
装帧设计	陈玉丽
出　　版	西藏人民出版社
社　　址	拉萨市林廓北路 20 号　邮政编码　850000
	北京编辑发行部：北京市东土城路 8 号林达大厦 A 座 13 层
	电话：010—64466473
印　　刷	三河市南阳印刷有限公司
经　　销	全国新华书店
开　　本	16 开（787×1092）
字　　数	230 千
印　　张	13.5
版　　次	2010 年 6 月第 1 版第 1 次印刷
标准书号	ISBN 978-7-223-02871-4
定　　价	25.00 元

版权所有　侵权必究

目 录

序一　润物细无声
序二　走近孩子

第一章　提高孩子素养，从全面培育开始
假期"家校联系卡"——充分认识自己，正确评价他人　/2
培养孩子的好习惯——小习惯成就大未来　/6
一次特别的作业——百善孝为先，感恩情意重　/10
《我是歌的女儿》演讲——让孩子扬起兴趣的风帆远航　/15

第二章　树立家长威信，从自我修养开始
学点心理学知识——使家长的指导更具权威性　/20
"馋嘴妮"造就"优良厨"——做个孩子的"好后勤"　/24
和孩子一起思考——力争做一个"万事通"　/28
五种不受欢迎的妈妈——好妈妈要有"五颗心"　/32
全家总动员——"隔代教育"需要两代人合力　/36

第三章　给予孩子关爱，从走出误区开始
工作忙是理由吗——孩子才是家长最大的事业　/40
不埋怨、不抱怨——切忌对孩子的错误雪上加霜　/44
无意识"冷暴力"——最可怕的杀手是父母的冷漠　/48
哎哟我的"唠叨妈"——有些话不必过多重复　/52
爸爸拳脚下的逆反——棒打未必出孝子　/56
请家长们照照镜子——好话一句三冬暖，恶言半句六月寒　/61
走到婚姻边缘——离婚前想想孩子，离婚后别伤着孩子　/65

第四章　帮助孩子适应学习，从掌握规律开始
我们家充满笑声——给考生加点幽默的糖　/70
考试前的心理辅导课——轻松上考场，坦然下考场　/75
家长学历低没关系——好孩子不全是辅导出来的　/80
哪个孩子不厌学——学习也是意志品质的较量　/84
孩子上初中了——你做好各种准备了吗　/89

不放弃、不抛弃——帮孩子平安度过"危机期" /93
考生家长应知道——要做减压器而非高压机 /98

第五章　消除孩子成长障碍，从正确引导开始
异样地仰望着老师——"喜欢"也可以成为学习动力 /104
不想走进咨询室——身体上的痛强于心理上的痛 /109
有效的"性"教育——正确引导强于一味回避 /114
小小沙龙议"早恋"——疏导防患未然，围堵适得其反 /118

第六章　做孩子知心朋友，从深入了解开始
都是玩笑惹的祸——开玩笑要掌握好度 /124
60后PK 90后——偶像崇拜不限于青春 /128
孩子撒谎的背后——家长要透过现象看本因 /133
男生也会受歧视——为"淘气"男孩鸣不平 /138
只聪明不认真——别拿"马虎"当小错 /143
一封特殊的E-mail——给家庭不幸的孩子以"有幸" /147

第七章　做孩子虚拟同桌，从加强沟通开始
一场辩论会——校园手机带来冲击波 /152
情真意切传书信——敞开心扉彼此接纳 /157
管妈妈叫"姐姐妈"——放下架子，并不意味降低身份 /162
母女常对话——朋友关系是这样练就的 /166
"小网虫"不再痴迷——网络并非洪水猛兽 /171

第八章　让孩子乐观阳光，从走进内心开始
我是坚定自信来的——优秀，使人忽略了你身体上的缺陷 /176
肥胖不是你的错——妄自菲薄可就不应该了 /181
与男生无关的一堂课——谁说女生输男生 /185
一堂大班会课——热爱生活，珍惜生命 /190

附录一　心理咨询教师的心理——架起沟通桥梁，拯救孩子灵魂 /195
附录二　开办家长学校——补救家长教育孩子方面的缺失 /199
后　记　女儿，你是妈妈学习的榜样

序一

润物细无声

吴琦玲老师撰写的《好父母　好朋友》一书即将问世，我有幸先睹书稿，受教育很多。吴老师让我为她的这本书写序言，我感到力所不及，有些踌躇。思考再三，我想凭我跟她同事二十多年对她的了解，介绍一下这本书的背景，也许对读者有所帮助。

吴老师在我校曾任团总支书记和年级组长十余年，从1990年至今始终担任教研组长，并且还是我校校刊主编，文学社主管老师。二十余年来，她一直坚持在教学第一线，是我校首届名师，教学成绩突出，被评为教学能手。在学生评价老师的活动中，她年年被评为最受欢迎的老师。

我校2004年成立"家长学校"，吴老师担任主讲，在每次家长沙龙活动中，都接受家长咨询，为学生和家长排忧解难、指点迷津，许多家长因此跟她成了好朋友。通过吴老师指导的家长，不但实现了与孩子的良好沟通，而且还融洽了师生关系。本来，很多学生怕老师请家长，但吴老师的学生却相反，他们喜欢老师叫家长，希望在吴老师的耐心说服下，自己也拥有一个像吴老师那样的好妈妈。吴老师也因此被誉为家长的"育儿顾问"，学生的"朋友老师"。

我们看到，很多父母都为孩子的学习投入了大量精力、物力，但收效甚微，有的甚至适得其反，成了影响孩子成长的"问题家长"。为此，"家长学校"的兴办，受到越来越多的中小学校和家长的重视。

我校开办的"家长学校"，扎扎实实工作，卓有成效。形式多样的活动，使学生家长掌握科学的家庭教育知识和有效的教育方法，为学生健康成长营造了良好的家庭环境。家长在听课和参加活动的同时，了解了教育规律、学校办学思想和校规校纪，充分认识家庭教育的意义及其作用，增强了家庭教育的责任意识，从而形成了家校合一的育人环境。

在全体教师的努力下，我校"家长学校"受到了家长的普遍欢迎和社会好评，被评为市级优秀"家长学校"，市关心下一代先进集体。

如果说该书是本好书，并不在于其理论有多么高深，观点有多么新奇，而是来自一线教师切身经历的点滴事例。这本书没有更多的修饰和渲染，讲的就是一种朴素的道理，读之会有一种"润物细无声"的感觉。书中的案例读来生动亲切，分析得深入浅出，给家长的锦囊妙计具体实用。总体来说，本书适合不同层次的家长阅读，可以说是家长教育孩子的及时雨。全书既有经验又有教训，可学习借鉴，可防患于未然。遇到问题，拿来参考，也能够找到实用可行的解决办法。家长们可将本书作为家庭教育的必读书。

作为父亲，我读了书稿之后，有一种感觉，有些事情似曾发生在自己身上，相信家长们读后也会有同感。细品其中的道理，可以有效地指导孩子，找到适合自己的教育方法。

作为校长，我觉得该书同时也是"家长学校"的好教材。因为书中内容一部分就来自吴老师的讲稿，书中案例所反映出的问题都是共性的，在不同学校都是相通的。已经开办和正想筹办"家长学校"的学校，可以学习借鉴。同时，它也是年轻教师的参考书。我儿子大学毕业后，现在也担任中学语文教师，他初中曾是吴老师的学生，还担任过吴老师的课代表。孩子与我一起看过书稿后说："这本书对我们年轻教师来说，也是教育学生难得的参考资料。我会推荐给学生家长们看的，家长们看了书中的事例和分析告诫，可能要比我们年轻老师说的话更有说服力。"

邯郸市丛台区联纺学校校长 张修良
2010 年 3 月

序二

走近孩子

2008年,我女儿以优异的成绩考上了某财经大学经济学基地班,实现了她上重点大学的梦想。亲朋好友在庆贺的同时,总要问我是怎么培养教育孩子的。

其实,平时在与同事朋友以及学生家长的接触中,他们无不羡慕夸赞我有一个这么优秀懂事、身心健康的孩子,也总是来讨教教育孩子的经验。在我们的言谈话语之间,他们对我培养孩子的一些观念和做法大加赞赏。有的同事和家长也劝我,你应该将自己培育孩子的经验写一写,让我们也来参考模仿啊。

可以说,我对女儿的培养教育是从她零岁开始的,除了怀孕期间注意自己的饮食情绪等外,从女儿出生那天,我就开始用日记的形式,记录女儿的成长过程。无论是生理上的点滴变化,还是心理方面的渐进成长,我都如实地记录下来。

我做教师,工作非常忙,我们与孩子爷爷奶奶住在一起,我和爱人负责孩子的思想教育,爷爷奶奶照顾孩子的饮食起居。在两位老人精心呵护下,孩子也有一个强壮的体魄,从小到大没怎么闹过病。

在女儿上小学的时候,我们就购买拜读了《哈佛女孩刘亦婷》《剑桥女孩孟雪莹》等家教类书籍,感觉受益匪浅。觉得这些成功的家长不仅培养了自己的好女儿,更为我们这些普通的家长提供了可以借鉴的方方面面的知识和经验。

当然,对于大多数孩子来说,他们的梦想不奢望哈佛或剑桥这样的世界名校,就连国内的北大清华也觉得是遥不可及。但他们大多有一个上国内重点大学的梦想,这个梦想通过自己的付出与努力是能够实现的。

女儿上初中后的目标很明确,就是考入省重点高中,实现梦想的第一步,当然是如愿以偿。在女儿读高中的时候，我做起了自己的新浪博客，尤其是她上高三那年，我写了系列"伴你走过高三"，及时记录总结了女儿在这一年中走过的历程。女儿上大学走后，我的业余时间更加丰富起来。

同事朋友最羡慕的是我与女儿的关系，且不说她在上初中高中时与我无话不谈，就是她上大学走了，我们也是每天发短信，几乎每周视频聊天。并不是孩子对家长无限依赖，而是她的确把父母当做了知心朋友，当做了虚拟同桌。无论是生活上的小难题，还是学习上的小困惑，以及自己到大学后的见闻感受，她无不通过短信和聊天告知我们，有时孩子称我和她爸爸为"参谋长"呢。

作为一名教师，在每年的学生问卷调查中，我都被学生评为最喜爱的老师之一。这不仅仅凭借自己精湛的教学艺术，更重要的秘诀在于把学生当作自己的孩子，"爱吾爱以及人之爱"，能设身处地为学生着想，在细节中显露真情。

当我每天陶醉在家庭的幸福之中时，常常看到许多家长为教育孩子而头疼，他们有的经常与自己的孩子怒目而视或置之不理，有的对自己的孩子吵骂不断或拳脚相加。每当目睹这些，想到，一个人的生命如此短暂，人到中年，除了承受工作上的压力、背负家庭的重担外，还要总为孩子的学习或成长问题，整日处在担忧、焦虑、愤怒的状态，我就感觉很难过。再者，一个家庭大多就一个宝贝孩子，全家人不能尽情地享受家的温馨，而是因为互相沟通不畅而不断地彼此伤害，这是何苦呢？

不由得想起曾看到的一句话：人从来没有像今天的父母在孩子身上投入如此之多的爱，也从来没有像今天的孩子这样对父母如此厌烦（中国社会科学院青少年与社会问题研究学者单光鼐）。

尤其是看到自己的很多学生，他们的家长，因为没有按照孩子的成长规律或心理需要教育孩子，致使很聪明的孩子落到"问题孩子"的地步，也有些孩子最后自暴自弃，破罐子破摔，甚至走向堕落，而家长不知道是由于自己没有尽到责任，还反过来埋怨和仇视孩子。这时我就感到很心痛，深深地为这些孩子不平，为这些家长惋惜。

寒假的一天，现在已成为高考填报志愿专家的老同学吕迎春给我打电话，说有一家出版社想找一位有多年教学经验、熟悉教学并自己孕育成功子女的中学老师，写一写有关家庭教育方面的书籍，他向出版社推荐了我。

这给了我一个写作的理由，可以将自己多年来作为一个母亲对女儿的培养，作为一名教师对学生的教育，更重要的是对有关家庭教育等方面问题的思考，都可以在书中比较系统地整理出来。

正好，我们学校开办了"家长学校"，我作为"家长学校"主讲教师，经常参与其中的活动。除了正常教学外，也接触了许多家长，更多地了解到家长教育子女中存在的困惑和误区。在这本书中，我结合自己的家教经验，希望能为处在焦急和迷茫之中的家长答疑解难，成为家长的知心朋友。

采用什么方式写作，经过与出版社商量，吕老师也给予了具体的指导，最后确定以一位教师同时也是一位母亲的视角来进行写作，以期帮助许多有相同问题的家长通过学习和反省从中受益。

同时，我希望校长和老师们也能看看这本书，在有条件的情况下，每所学校都能开办"家长学校"，都能配备一个或更多的心理咨询教师，其目的和意义，在附录《心理咨询教师的心理——架起沟通桥梁，拯救孩子灵魂》《开办家长学校——补救家长教育孩子方面的缺失》里阐释得很清楚，这里就不再赘述。

这本书的初稿完成时，已经开学了。我将部分样张利用晚自习时间念给学生们听，他们听后，无不欢呼雀跃。

孩子们纷纷说："吴老师，您赶紧写完吧，让我爸爸妈妈看看，他们就知道我们是怎样想的了，也知道我们有什么需要了。真希望他们能够转变教育我们的方法，也成为我们的好朋友，要不我们每天太痛苦、太郁闷了。"

"吴老师，真羡慕您的女儿啊，怪不得她那么出色呢，您是那样懂得您女儿的心。她有您这样无话不谈的朋友，理解她、懂得她的好妈妈，她当然没有什么心理负担了，就一心一意好好学习就可以了，嘿嘿。"

亲爱的家长朋友们，我真心希望你们读完这本书后，能够真正地走近自己的孩子。要知道，一个不了解孩子的父母，就像一个枕头，离孩子的脑袋最近，却不知道孩子在做什么梦。当你成为孩子最好的朋友，最好的心灵指导师时，你会帮助孩子实现他的梦想，同时也圆了你自己的梦想！

吴琦玲
2010年3月

第一章

提高孩子素养，从全面培育开始

当看到自己的孩子无论是在思想品德上，还是在生活学习上有很多小毛病、坏习惯时，家长都很着急，恨不得叫孩子一夜之间全部改掉。其实，纠正孩子不良习惯不是一朝一夕就能完成的，需要家长持之以恒及家庭各成员的配合。同时家长也不妨在自己身上找找原因，如果发现自己正是孩子的"坏榜样"，那就需要你和孩子一起改正了。

假期"家校联系卡"
——充分认识自己，正确评价他人

每个寒暑假假期前，我们都会另外给学生布置一项特殊的作业：填写一张"家校联系卡"。开展这项活动的目的是，通过填表，让学生反思自己的优缺点；看同学、老师、家长对自己的评价，能够对自己有一个正确全面的认识。开学后收上来的时候，我们看到绝大部分学生和家长都进行了认真填写。摘录如下：

（一）

说说我自己：

本学期表现良好，在学校能够遵守纪律、努力学习，与同学互相帮助。在家能够尊敬父母，和父母做无话不谈的朋友。但在生活中偶有意志消沉、不自信的时候。希望今后自己能够加强自制力。多一些乐观，少一些迷惘，用良好的精神状态克服学习和生活中的一切困难。（小娴）

同学心中的我：

小娴，你真的是一个可爱、单纯的女生。学习认真勤奋，不过，我认为你如果有更饱满的精神状态的话，可能会有更理想的成绩。你很有涵养，有不少同学向你请教问题，在同学中人缘也不错。有责任感，自己分内的事一定做到很好。热爱班级，乐于助人，但应该以更自信、乐观的心态，迎接每一天。（小丹）

在学习上你能够持之以恒，一旦发现自己的弱点，立刻尽最大的努力改过来。在生活中，你很有激情，不过你应该再变得乐观些，最大程度地使自己开心、幸福。（小妮）

教师眼中的我：

改变不能接受的，接受不能改变的。这是生活的另一种解释。心怀感恩的情怀，你已经具有了良好品格。不要因为一时的不如意而消沉、迷惘。每一天的太阳都是新的。相信自己，然后他人才会相信你。（班主任）

家长眼中的我：

因为有温、良、恭、俭、让的品格，你有更丰富的内涵；因为有积极进取的态度，你有更丰厚的知识。在家长的心目中你始终是一个品学兼优的好孩子。沟通、理解，使得我们像朋友一样互相启迪、共同进步。愿我们在今后的人生道路上正视现实、勇敢面对，以积极乐观的态度迎接每天的朝阳！（妈妈）

（二）

说说我自己：

此学期表现尚可，思想上比较积极、乐观。能严格要求自己，在家里能帮助家长做力所能及的家务。无话不谈，和同学互相帮助，团结友善。在学习上比较努力，但还不够认真。在课堂上和活动中没能够表现自己，这是缺乏自信的表现。希望在下学期中发扬优点，改正不足，不断提高、完善自己。（小雪）

同学心中的我：

你是一个有智慧的小女孩，脑子灵敏，我要多向你学习呀，请多多指教。和你同桌，学到很多做人的道理。你缜密的思维，很让人佩服。不过，你要自信点儿，你很优秀，一直让人出乎意料，一定要相信自己！（小敏）

你很聪明，这是你先天的优点。但你后天的自律、容忍、体谅，很让我钦佩。你的聪明不外露，从不爱表现自己，有隐士风格。再加上对文学的一片痴心，简直成了一位古典文学家。正如文理科都很棒的余秋雨，嘿嘿。（小雁）

教师眼中的我：

小巧玲珑的一女孩，聪慧是最大的一个优点。不过似乎还是有点胆怯、害羞。（班主任）

家长眼中的我：

学习努力，有进取心，懂事明理，爱好广泛。心地善良、思维敏捷、聪明好学、对人谦和、身体健康、毅力稍差、自控不足。（爸爸）

开始布置这个作业的时候，有的学生和家长不以为意，觉得没有必要，当完成后，却体会到了它的意义所在。这只是一个抛砖引玉的做法，目的是在填写此表的过程中，引导孩子能够增强自我评价和评价他人的能力，同时在他人的评价中充分认识自己。

因为许多学生的自我评价能力是比较差的。他们有的过高估计自己，盲目自信；有的妄自菲薄，觉得自己一无是处。另一些孩子自我评价能力较强，评价别人也不像小时候那样简单地说一句好或坏、喜欢或者不喜欢了，而是通过观察思考，再对别人进行品评，包括对别人的性格、为人处世、行为举止以及学习成绩等都会说出自己的评价与结论。

但有时孩子的评论会出现偏差，甚至会出现错误。那么，是什么原因制约着他们评价能力的发展呢？

主要是以客观评价自己为荣的舆论气氛不浓厚。比如说，在家庭中，有的家长总是把自己未实现的希望寄托在孩子身上，对孩子要求过高。有的家长则爱把自己小时候的行为表现同自己的孩子作比较，对孩子不满意，经常批评。这种教育方式是"家长式"的，没有让孩子自觉地、认真负责地对自己进行剖析和评价。

"我已经很努力了，但还是得不到他们的赞赏。"一位孩子在接受心理疏导时，提起父母失望地掉下眼泪。"从来感觉不到父母的爱，他们好像更喜欢邻居家学习好的孩子，让我学习就是为了满足虚荣心。"而另一个孩子认为父母平时的赞赏很夸大、很虚伪，"妈妈好像说的不是我，而是别的好孩子。"

这提醒我们做家长的，对孩子的评价要切合实际，苛刻的批评教育、过分的赏识教育都等于没教育。比如赏识教育要具体化，不能说"你可聪明啦"，要说明聪明的理由。遗憾的是，家长们往往在教育过程中表现得不够真诚，经常在外人面前无休止地夸自己的孩子，而当了孩子的面就批评说谁谁比你强。这样做的结果，使青春期当中已经有自我认同感的孩子，难以从家长那里准确认识自己的优缺点。

当然，在学校里，也有些班主任忽略了指导学生进行自我评价的工作，常以学生的偶发行为、偶然表现为依据，较主观地评价学生，没有形成良好的以自评为主的言论氛围。久而久之，学生的自我评价能力就差了。

所谓培养智能，还包括提高学生的自我评价和评价他人的能力。只有当学生能够客观地评价自己和他人，找准影响自己成长进步的主要障碍，认识到自身存在的缺点、毛病以及别人的长处和优点，做到"择其善者而从之，其不善者而改之"。这样，才能处理好与他人的关系，自觉地调控自己的行为，更好地适应社会生活。

孩子评价自己和别人的过程，是对己、对人和对社会认识的过程。而认识自己、认识他人、认识社会是孩子人生中重要的一课，也是艰难漫长的一课。学校、家长都应十分重视，要帮助他们学会评价自己和他人，做他们的良师益友。

 **吴老师的家教锦囊**

在这儿提醒家长在培养孩子的评价能力时,可从以下方面入手:

1. 评价自己:"人贵有自知之明",我们怎样引导孩子达到"自知"呢?有了正确的是非观,才能自觉地以此为评价自己的标准;心中有了一把尺子,才能清楚地量出自己的缺点和不足,自我评价的能力也就自然而然地提高了。孩子能够正确地如实地认识和评价自己,就能正确地对待和处理个人与社会、集体及他人的关系,有利于自己克服缺点、发扬优点,充分发挥自己的作用。

实事求是地评价自己是进行自我教育、自我完善的重要途径之一。一个心理健康的人作出恰当的自我评价,他们能体验到自己存在的价值,对自己的能力、性格、优缺点能进行客观评价;同时,能接受自己,对自己抱有正确的态度,不骄傲也不自卑。心理不健康的人常缺乏自知之明,对自己的优缺点缺乏正确的评价,自高自大,孤芳自赏,还有的是自暴自弃。

2. 评价别人:实际上是对别人认识的理性化。要引导孩子尽量全面地认识别人,克服片面性,评价别人的标准应尽量客观正确。不能把别人说得一无是处,也不要把别人的缺点当长处学。

孩子们有时往往从自己的好恶出发去看别人。比如,有的孩子自己行为散漫,他就会讨厌时常提醒他遵守纪律的好同学;而如果有人支持他,他就认为是他的"哥们儿"。又如,有的孩子由于妒嫉别人,当别人失败了或受到批评时,就幸灾乐祸,把别人说得一无是处。所以,家长要时常注意教育孩子全面、客观、公正地认识和评价别人。

3. 家长评价孩子:从心理学的角度来讲,赞赏和表扬往往比严厉的批评和指责更能有效地激发孩子的积极动机,更能增强孩子的自信心,也更能使孩子获得成就感。但是,如果赞赏或表扬不当,就容易使孩子的自觉感降低,对赞赏或表扬产生依赖感,从而引发消极作用。过高评价孩子会使他过于自信、自以为是;过低评价孩子又会使他丧失信心,缺乏主动性、积极性,甚至产生自卑感。所以家长一定要掌握好评价的尺度。

曾子曰:"吾日三省吾身。"我们要引导孩子经常反省自己,认识自己。还有句俗话:"当局者迷,旁观者清。"很多时候,仅仅靠自我反省,我们还不能全面而客观地了解自己,这时,我们还需要通过他人的评价——用一面镜子来照一照自己。请你在接到一面明亮的镜子的同时,也给予他人一面光鲜的镜子吧!

培养孩子的好习惯
——小习惯成就大未来

一次家长会后,有位老人拉住我的手诉苦说:"吴老师,你看,我那孙子,学习还差不多,就是有很多不好的习惯:晚上不想睡,早晨不想起。还那么偏食,愿意吃的吃个没够,不愿意吃的再有营养也一点不吃,他爸爸妈妈对孩子就听之任之。吴老师,你能不能劝劝孩子和他爸爸妈妈,系统地给他们讲讲这方面的知识?"

我暗自赞叹这位老人懂得孩子的养成教育,于是问:"您以前是做什么工作的?"

"我是小学老师,已经退休很多年了。"

"儿孙们和您一起住,是吗?"

"以前没在一起住,现在我儿子看我们老两口岁数越来越大,就搬过来住了,为的是照顾我们方便。我也可以给他们做做饭什么的。"

"您觉得孙子还有什么不好的习惯?"

"唉,他都上初二了,可他爸妈什么都不让孩子动手,连孩子的鞋袜都替他洗。有时孩子连自己的书桌都不收拾,我真看不惯这些。"

"是啊,孩子好习惯的培养,爸爸妈妈负有不可推卸的责任。"

"我注意观察他,也没有一些学习的好习惯。像整理错题集的习惯,写周记的习惯等等,这些他都没有。我有时提醒他,他理直气壮地说,我们老师没有要求我们。我叫他学会利用零敲碎打的时间,把一些古诗词、公式、英语单词记到一个小本本上,放到兜里,随时随地地拿出来背,积累知识,他也不听,说我这都是老办法了,没有新意。唉,这孩子!"

"您的这些具体的建议对孩子的学习是非常有帮助的啊。我以后在给孩子们提要求的时候,一定要讲到这些!"

这时旁边的另一位家长也抱怨说:"我孩子毛病也很多。"

我微笑着问:"孩子都有什么毛病?说说看。"

"我女儿每次写完作业或考试时总不愿意自我检查,结果总是小错不断。还有,最头疼的是她的磨蹭劲儿,从早晨一睁眼,我对她说得最多的就是'快点、快点',写作业也总是磨磨蹭蹭!"

"想知道这种毛病的养成,最有可能的原因是什么吗?"

"当然想知道,请您快点说说。"

"呵呵,很有可能是与你们夫妻的一些行为习惯有关呢。比如,你们是不是喜欢边吃饭边看电视节目或书报?"

"是啊,我们经常这样做啊!"

"这种行为就往往会使孩子养成三心二意、注意力不集中、办事拖沓的不良行为习惯。"

"噢!原来孩子有坏习惯,我们还要自我检讨一番呀!"

"是啊,有的时候我们做家长的一些坏习惯会使孩子受到潜移默化的影响呢。"

……

当看到自己的孩子无论是在思想品德上,还是在生活学习上有很多小毛病、坏习惯时,家长都很着急,恨不得叫孩子一夜之间全部改掉。其实,纠正孩子不良习惯不是一朝一夕就能完成的,需要家长持之以恒及家庭各成员的配合。同时家长也不妨在自己身上找找原因,如果发现自己正是孩子的"坏榜样",那就需要你和孩子一起改正了。

良好的品格将决定孩子的一生,对于孩子的品德问题,一定不能姑息。只有纠正孩子做人的坏习惯,形成做人的美德,孩子才会有一个美好的未来。

说到习惯的培养,我想起了一个故事:诺贝尔奖得主在巴黎聚会。有人问其中一位:"你在哪所大学、哪所实验室里学到了你认为的最重要的东西呢?"出人意料,这位白发苍苍的学者回答:"是在幼儿园。""在幼儿园学到了些什么呢?"学者答:"把自己的东西分一半给小伙伴们,不是自己的东西不要拿,东西要放整齐,吃饭前要洗手,做了错事要表示歉意,午饭后要休息,学习要多思考,要仔细观察大自然。从根本上说，我学到的全部东西就是这些。"

这位学者的回答代表了到会科学家的普遍看法，概括起来，他们认为终生所学到的最重要的东西是从小家长和老师给他们培养的良好习惯。

"习惯是通过对某一行为的重复，使该行为形成按一定方式进行的趋势或倾向。"这就是说好习惯和坏习惯并不是我们与生俱有的，而是一种行为在我们的头脑和身体内如此频繁地得到强调，久而久之它就形成了我们的第二天性。

根据专家的研究发现，21天以上的重复会形成习惯，90天的重复会形成稳定的习惯。

习惯与我们一生的成败息息相关，看看社会上那些各行各业的成功人士，你一定会发现，他们之所以到达事业的巅峰，并非偶然或侥幸，而是一个必然结果。因为他们都有良好的习惯，比如认真、执著、耐心、勤奋、好学等，并使这些好习惯的长处充分地发挥了出来。是这些好习惯成就了他们，换句话说是"小习惯成就大未来"。

英国哲学家、思想家培根说："习惯是一种顽强的巨大的力量，它可以主宰人生。"由此看来，培养良好习惯不只是为了成才，更重要的是为了孩子成人，在一定意义上说成人比成才更重要。

 **吴老师的家教锦囊**

说到这里，有家长可能会问：怎样才能帮助孩子养成良好的习惯呢？除了学校的教育引导作用外，家长的配合更是关键。家长在孩子的习惯养成教育上充当了一个极为重要的角色，因为父母平日里的举止言谈、待人接物及身体力行，潜移默化地在孩子的心里形成了一种模式、一种标准、一种方向。

下面我向大家介绍培养孩子好习惯，纠正坏习惯的一些具体做法：

1. 制定明确的目标。良好习惯的培养从制定具体、明确、可行的目标开始。目标越具体、细致，要求越明确，效果就越好。比如，家长对孩子说："每天要早起。"这是一个明确的目标吗？答案是否定的。早起是什么定义？8点还是9点？明确你的目标，比如，将它换成"每天7点起床"或者"每天早起10分钟"效果一定更好。

2. 一次只培养一个好习惯。不要试图一下子改变孩子的多个不良习惯，而要集中改变一个坏习惯。一次想改掉多个坏习惯的企图，势必分散孩子的精力，并彻底毁掉他改掉坏习惯的能力。坚持一个行动，关键在头三天，如果能坚持21天以上，你就能帮助孩子形成一个习惯。当行动成为和吃饭、睡觉一样的习惯后，接下来的一切便会顺理成章。

3. 做到令行禁止。例如：要改变孩子写作业拖拉的习惯很难。首先孩子得愿意改变，家长可以与孩子商量好，写作业剩下来的时间奖励他做喜欢的事。千万要注意，不让孩子做的要提前约定，不能失信于孩子。制订好的计划家长得坚持执行，不能随口承诺，更不能按自己的意愿随意改变。永远不允许一次倒退发生，直到新的习惯牢牢地扎根在孩子的生活中。

4. 要当机立断。习惯是通过过程养成的，而过程都有开头。只要是想好了准备做的事，就要果断地开头，不要拖，不要等。比如，孩子说：我打算背单词了。家长马上支持：好！开始背。孩子说：我打算写日记了，家长马上支持：好！开始写。坚持一段时间以后，孩子会觉得它已经成为学习的一部分了，甚至没有什么觉得不觉得，到时候就自然而然地去做了，好习惯就养成了。

在形成一种新习惯或摒弃一种旧习惯的过程中，必须注意在开始时具有尽可能强烈的和坚定的积极主动精神。要利用你所知道的一切手段来帮助孩子创造成功的开端。

5. 重在坚持。开了好头就要持之以恒，遇到困难就要咬牙坚持，万不可随意松劲。有累得实在不想动的时候，有病得起不来床的时候，怎么办？咬牙挺住。事后，孩子甚至会被自己的精神所感动，进而特别珍惜自己的成果，越来越不忍心放弃，于是就成了好的习惯。美国西点军校有一条规矩，就是：不许找借口！这对于养成好习惯非常有帮助。人最容易原谅自己，事情没做好，想办法找一些原因，让自己心安理得，这是一种坏习惯。它会让你软弱，会让你偷懒，会让你逃避，结果你丧失了勇气。

良好的习惯是一个人宝贵的精神财富，孩子难免有一些陋习，要帮助他下决心改变。努力培养好习惯，要培养孩子的自觉性。习惯的养成需要有坚强的意志，用它去克服陋习，用它去重塑新的自我。

最后我将杰佛莱斯的一句话送给家长，作为结束语：孩子的心是一块洁净的土地，播上思想的种子，就会获得行为的收获；播上行为的种子，就会获得习惯的收获；播上习惯的种子，就会获得品德的收获。

| 好父母　好朋友 |

一次特别的作业
——百善孝为先，感恩情意重

我公公的孝子和贤媳
孝子

2000年5月的一天，两位孝子突然接到电话，说在外地亲戚家的父亲突然得重病，他们哥俩和家人急忙赶到。结果是70岁的父亲患了脑中风，经医院及时抢救，挽救了生命，但处于完全昏迷状态，已失去了知觉。医生诊断为：脑干大面积堵塞，基本上成了植物人。

一个月后，接回本市继续住院治疗。他们哥俩再加上两个媳妇，还有年迈的母亲，日夜倒班，轮流伺候。家里的正常秩序一下子混乱了。当时，两个孙女，一个要迎接中考，一个正在上小学，她们一下子长大了，知道应该自己照顾自己，为大人分忧了。经过医生的治疗，以及全家人的精心护理、侍奉，父亲的病情稳定下来，渐渐地略有了知觉。

想起来，全家人是多么后悔啊。父亲曾经中过风，轻微的。每年都要进行两次保健性输液。本来说好这次从外地回来就输液的，可是……得病之前，父亲太劳累了，身心疲惫。他执意要回一趟老家，办理自己老母亲三周年的后事。父亲的老母亲，活了97岁高龄。几十年来，一直是父亲母亲亲自照顾的。本来想父亲也一样能高寿的，却没想到竟然得了这样的重病。

父亲抗战时期参加过革命，离休前曾担任过市纪委书记，是一位刚正不阿、廉洁奉公的老革命了。为党兢兢业业地工作了一辈子，一身正气，两袖清风。给孩子们做出了学习的榜样，留下了宝贵的精神财富。

大儿子耿直能干，有强烈的事业心，40出头就担任了纺织厂副书记、工会主席。二儿子钻研业务、精通本行，是事业单位的高级工程师。哥俩一面白天忙于自己的工作，一面每天晚上轮流值班，守候在父亲的病榻前。都说"久病床前无孝子"，可两个孝子坚持了近10年。每天喂药、喂水、喂饭、翻身、捶背、接尿、接屎。还要给父亲讲笑话，逗他开心，只有婴幼儿智力水平的父亲经常被逗得"傻呵呵"地笑出声来。父亲虽然躺在床上，但脸色红润，和正常人一样，从来没有得过一点褥疮。连医生护士都惊叹，这么多年了，老爷子竟然还这样"健壮"。

两位老人都是离休干部，不是没钱雇不起保姆，而是两位孝子不放心，觉得没有人会像自己这样精心照顾老父亲。

老爷子没有福气，本来该享受生活、颐养天年的时候，却病倒了。但是老爷子最有福气，他有这样孝顺的好儿子、有这样的好老伴，还有什么不知足的呢？老人虽然常年躺在床上，心里也该满意了。

2005年8月份，两个儿子还把国家颁发给老人的"抗日战争胜利六十周年纪念"奖章挂在老人的胸前，为他照了一张相留做纪念。

贤媳

大儿媳妇自从公公得病后，就提前退休了，每天白天在家和婆婆一起伺候病人，以她的吃苦耐劳、贤德善良赢得了全家人的尊重。她像照顾自己的亲生父母一样照顾公公婆婆，脏活、累活抢着干，无怨无悔。本来自己身体也不太好，经常失眠、头疼，但侍奉老人从来没有抱怨过。有时，老人大便干燥，她会戴上手套亲自为老人抠出来。家里人感动，邻里朋友也无不交口称赞。

孝敬的三个层次是尊亲（尊重父母，顺乎其心）、弗辱（不使父母感到屈辱）、能养（使父母衣食温饱）。孝子和贤媳做得非常好了！

惭愧得很，笔者就是二儿媳妇，因为教师的工作比较忙，曾连续多年教初三毕业班；因为也要照顾自己年迈有病的父母；因为还要陪伴上高中的女儿，所以在公公床前尽孝不多。但对丈夫的理解、支持，对女儿思想上、学习上的精心培育，使得婆婆和哥嫂都能够理解，所以全家人和睦相处、其乐融融。

老人的健康是儿女们最大的幸福，儿女的孝顺是老人最大的满足。我们全家人深深地体会到了。

愿天下的老人保重身体，为自己、为儿女！

愿天下的儿女孝敬老人，为亲情、为良知！

这是我校一位教师发表在校刊上的文章。发表后，在全校师生中引起了强烈反响。

借着这股东风，我们给学生布置了一项特别的作业——孝心作业。说到孝心作业，给家长洗手洗脚啦，帮家长做家务啦，已经是老生常谈了，既没有什么新意，也有些流于形式。所以，这次我们没有布置具体的要求，而是如同话题作文一样，给孩子们充分自由的想象空间，我们想让孩子们切实从内心出发，从自己家庭的具体情况出发，发自肺腑地为父母亲人尽尽孝。而且，我们特别要求孩子们将这个作业一直坚持做下去，甚至做一辈子。

从家长们反馈结果来看，既在意料之中，也出乎意料之外。意料之中的是大多数孩子都能够一如既往地，不在老师的规定下展现自己的孝心；意料之外的是孩子们似乎更加认真了，每个人都能想出很多奇特的办法，然后根据自己的实际情况为家里父母和亲人做力所能及的事，尤其是住宿生表现更为突出。

下面是从孝心作业家长反馈信息中摘抄的部分内容，听听他们的话，我们也备感温暖，觉得这项工作落到了实处。

反馈一：女儿真的是一天比一天长大了，每个周末回家，都能看到她的成长，这离不开老师对她的教育，谢谢老师，谢谢学校！我们觉得她比以前更懂礼貌了，在家的这几天经常帮我做事，我很感动。说实在的，在她帮我洗头的时候，我的眼里流出了泪水。希望她在学校也能这么做，能成为老师的好帮手。

反馈二：孩子现在能够帮助家里做力所能及的事，关心照顾年迈的太姥、姥爷和姥姥，深得大家的喜爱。这是一个让孩子展现孝心的切实可行的好办法，希望学校把这种教育方式延续下去，使学生做得更好，使他们摆脱优越的生活条件下所养成的不良习惯，成为真正有孝心的孩子。

反馈三：你们给孩子布置的这个家庭作业，不仅孩子完成得很好，就连我们做家长的也参与进来了。以前她妈妈对孩子奶奶有些看法，总是爱答不理的。听孩子讲了在学校学的爱心小故事，又亲眼看到孩子对待父母长辈态度的变化，她妈妈深受教育，正在逐步改变自己。感谢贵校这一举两得的作业啊！

反馈四：在孩子给我捶着背的时候，我切身感受到了这暖暖的亲情。是你们给孩子这次机会，让他们体验父母的辛苦，让他们懂得感恩。真诚地说一声：谢谢你们！

反馈五：没想到，这么一个简单的作业，竟然能够在如此短的时间内改变孩子。他现在进步很大，比以前更有礼貌，对父母懂得感恩，有爱心，这使我很感动。我代表所有的家长希望孝亲尊师的美德发扬光大，让孩子的一生受之不尽！

反馈六：确实感觉到了，自从学校布置孝心作业以来，孩子比以前懂事多了，能够做到尊敬老人、父母。对待家里的人和事，常常能表现出感恩的心。作为父母，我们真的感到很欣慰，孩子在贵校的教育下能够早早地懂事，这对她走好以后的人生道路是很重要的。我们感谢家长学校，感谢老师！

反馈七：当我回家时看到削好的苹果，叠得齐整的被子，收拾干净的餐桌，又看到每次返校前都要先到爷爷奶奶那儿道别，我的心里有种无法形容的感觉。"百善孝为先，感恩情意重"，感谢贵校能给予学生德行方面的教导！

……

我第一次看到电视播放的MTV《常回家看看》时，眼眶里浸满了泪水。一帧帧温暖感人的画面，一句句深入人心的歌词，无不引起人们的强烈共鸣，这就是在呼唤人们的孝心回归啊！

孝心是我国的传统美德之一，中国自古就是一个礼仪之邦。我国古代还有"举孝廉"的活动，有专门的《孝经》来教化人们要有孝心，甚至把孝提高到为官的人品标准，由此可见孝在中国文化中的重要性和深远影响。人们也常说："羊有跪哺之恩，鸦有反哺之孝。"孝心应该贯彻在生活的点点滴滴中。

反哺是对父母的报答。这项活动的意义在于，从自我做起，从孝敬父母、关爱亲人做起，弘扬和传承孝老爱亲的传统美德。教育学生关爱、体贴父母，礼让、尊敬长辈。

当代著名作家、心理学家毕淑敏的《孝心无价》打动了无数人，尤其是这段话说到了人们的心坎上："孝"是稍纵即逝的眷恋，"孝"是无法重现的幸福。"孝"是一失足成千古恨的往事，"孝"是生命与生命交接处的链条，一旦断裂，永无连接。赶快为你的父母尽一份孝心。也许是一处豪宅，也许是一片砖瓦。也许是大洋彼岸的一只鸿雁，也许是近在咫尺的一个口信。也许是一顶纯黑的博士帽，也许是作业簿上的一个红五分。也许是一桌山珍海味，也许是一只野果一朵小花。也许是花团锦簇的盛世华衣，也许是一双洁净的旧鞋。也许是数以万计的金钱，也许只是含着体温的一枚硬币……但在"孝"的天平上，它们等值。只是，天下的儿女们，一定要抓紧啊！趁你们父母还健在的光阴。

学校开展的这项活动就是对这些话语的最具体的阐释。

 **吴老师的家教锦囊**

家长朋友们，我们现在大都处在中年，我们的父母都已步入晚年，首先让我们从自身做起，从点点滴滴做起，用实际行动孝敬自己年迈的双亲，也包括爱人的双亲。要知道，"树欲静而风不止，子欲养而亲不待"。我们的行动就是培养孩子孝心的最好的教科书。让我们与孩子一道坚持不懈地完成这非同寻常的孝心作业吧，共同唤醒那踯躅在湮远年代中的每一颗孝心。

想一想，孝心其实不是口号，不是形式，也不是物质能完全替代的。那就是在长辈面前多一份细心，多花些时间。要知道，亲情与孝心就在每一个简单的细节与行动中。

《我是歌的女儿》演讲
——让孩子扬起兴趣的风帆远航

高二（5）班小琳要去参加市里举办的中学生演讲，她来邀请我去给她助阵。从她上高一时，就经常来找我聊天诉说自己的烦恼，憧憬自己的未来，我鼓励她发挥自己喜欢唱歌的特长，不辜负养育自己的姥姥和姥爷的希望。

听，演讲开始了！

尊敬的各位评委老师、亲爱的同学们：

大家好！

我演讲的题目是《我是歌的女儿》，在这里，请允许我为大家唱上几句："放开我们的歌喉，高声歌唱，我们欢乐的歌声飞向四方……日朗朗，月朗朗，人也爽朗。喜洋洋，亮堂堂，朋友好友一起唱，唱出我们心中的希望。"

我是一个不幸的女孩，在我出生仅八个月时，父母就离婚了。但我又是一个幸运的女孩，因为在我成长的十五年里，歌声伴我长大。也许春风会记得，也许秋雨曾想起，在那年那月，歌声伴我成长的故事：

我从小跟姥姥、姥爷长大。他们说我很有音乐天赋，刚学会说话就能跟着音乐唱歌了，经常面对着电视载歌载舞，还给同院的大人小孩表演。看我这样喜欢唱歌，姥爷便带我四处拜师。我们找到了市群艺馆的周老师，她夸我的嗓音音质好，答应收下我这个学生。

我永远不会忘记第一次登台演唱。那是参加全市交通音乐台"丁家宜杯"青少年歌手大赛，当时我只有七岁，是最小的选手，我以一曲《紫荆花回家了》，冲进了决赛，并获得了优秀奖。手捧获奖证书，我欣喜万分，姥姥、姥爷也激动得热泪盈眶。他们对我说："小琳，好好练唱歌吧，以后当个歌唱家！"从此，我幼小的心灵种下了一颗希望的种子。十岁那年，我又参加了市"欢庆六一"歌曲大赛，获得了少年组一等奖。我知道自己为姥姥、姥爷争了光，也在奔向自己的梦想。

后来我又从师少年宫韩老师，学习民族唱法，我渴望做一个像彭丽媛、宋祖英那样的歌唱家。在紧张的学习之余，我刻苦练习，跟着VCD练，常常一首歌一个星期就要唱上百遍。不管春夏秋冬，不论严寒酷暑从不间断。工夫不负有心人，前年，我在省青年歌手大赛上，荣获三等奖。演唱的曲目是《长大后我就成了你》，我愿将这首歌奉献给培育我成长的所有老师。"小时侯，我以为你很美丽，领着一群小鸟，飞来飞去……长大后我就成了你，才知道那支粉笔，画出的是彩虹，洒下的是泪滴。"

我在慢慢长大，对唱歌的理解也越来越深：歌声如一位良医，它能抚平我心中的忧烦愁苦；歌曲如一面镜子，它能折射人性的真善美丑。跌倒时，歌声给我以阳光般的援助；迷惘时，歌声给我以波涛般的勇气；失落时，歌声给我以清风般的慰藉；冲动时，歌声给我以天空般的胸襟。

生活的船，不能没有理想的帆，生活的理想就是为了理想的生活，理想生活中最快乐的时光，便是梦想的花季，花季中，我正做着一个美丽的唱歌梦。我要扬起信心的风帆，插上腾飞的翅膀，冲破挫折和失败的海浪，飞越阻碍的高山，到达成功的彼岸。

谢谢大家！

小琳的演讲博得了热烈的掌声，最终她获得了一等奖，我和她的辅导老师也激动地拥抱在一起。

现在，国家在中小学中大力提倡素质教育，其本质就是，培养和提高学生的综合素质和基本技能，让他们能说会道、能写会算、能歌善舞、能演善奏，德智体美劳全面发展。所以，"发展学生兴趣特长，全面培养综合人才"已成为很多学校的共同目标。学校在抓教学的同时，重视培养学生的音乐、美术、体育等兴趣爱好，着眼于保护和培养学生的特长。

孩子的精神发展、人格成长还包括形成自己的兴趣爱好。这是今天最令家长苦恼的事了：究竟该不该让孩子上特长班学琴、学画、学英语、学奥数？如果不学，是否会"输在起跑线上"？

我们知道，艺术教育对性格陶冶、人格养成具有重要的作用，所谓"学琴的孩子不会学坏"，看来，家长对孩子的课外兴趣爱好是应当重视的。

"知之者，不如好之者；好之者，不如乐之者。"像小琳这样的孩子，当他们对音乐、美术、体育等项目有了兴趣，他们就会积极实践，有所创新。学校和家庭应该提倡培养"合格加特长"的孩子，给他们今后发展特长提供适当的机会。特长是和兴趣联系在一起的，兴趣是起点，爱好是行动，在此基础上发挥特长是会有所收益的。

作为老师和家长应该了解，每个孩子都与众不同，每个孩子都有自己的理想和观念，每个孩子都有自己的爱好和兴趣，每个孩子都有自己的天赋和特长。由于个体的差异性，不同的孩子对事物往往表现出不同的注意力，即兴趣。

有的孩子喜欢音乐，小小年纪，对音符有近乎完美的感受，能准确地唱出每个音符，小琳就是其中之一；有的孩子爱好美术，不管在什么环境，他们都能随意地画起来，衣服上、纸上、地上、墙壁上都是他们的画纸，这体现了孩子对美术爱好的天性，是兴趣萌芽；有的孩子对各种昆虫和各种小动物有着特殊的感情，有时会为了死去一只小猫而几餐吃不下饭等。凡此种种，都是孩子们最初表现出来的对某一事物的兴趣或在某一方面的天赋。我们做家长的，如果平时善于观察，发现自己孩子的特殊才能，尊重他们的兴趣，并加以正确引导，你的家里没准儿哪天就会出现个郭兰英、徐悲鸿来呢！

 **吴老师的家教锦囊**

有的家长说了，我孩子除了淘气，没别的本事。这里提醒家长可以从以下几个方面做起：

第一，在生活中发现和培养孩子的兴趣、爱好与特长。

一个人从兴趣到爱好到特长，应该说是有一个梯度的。他们活泼好动，兴趣广泛，最富于幻想，最易接受新鲜事物，渴望认识生活和周围世界。也许你的孩子本来就对某一方面的事物感兴趣或有某方面的长处、特长，只是现在暂时还没发现。父母是孩子的启蒙教师，要培养孩子的兴趣、爱好和特长，做父母的尤为重要。

大画家毕加索在学校里数学常常不及格，成为老师批评、同学嘲笑的对象。同学们常跑到他面前，逗他玩："毕加索，二加一等于几呀？"然而他的父亲没有责备他，而是耐心地观察孩子对什么感兴趣。父亲发现孩子喜欢随手画东西，是他开始教毕加索剪纸、绘画，并鼓励孩子："不会算术并不代表你毫无能力，你是个绘画天才，你可以去绘画。"小毕加索看着父亲坚毅的面孔，找回了一些自信。果然，小毕加索总是毫不费力就能画出各种各样的东西，最终成为画坛巨匠。

菲尔普斯小时被诊断为"多动症"，老师说他"不可能做好任何事情"，在学校别人的嘲笑成了他的噩梦，但他酷爱游泳，因此，他忍受"比世界上其他任何游泳运动员所经受的都要'魔鬼'的训练"。在7年的训练中，他只有5天没有下水，他说："我还是待在水里比较舒服，那里才是我的家。"在2008年奥运会上，他一人囊括8枚金牌，成为"奥运王子"。

第二，不要把自己的意愿强加给孩子。

很多家长让孩子从小就学音乐、学美术或学外语，希望他们在这方面能学有所成。然而千万要注意一个现象，那就是家长的意愿并不一定就是孩子的兴趣所在，强迫学习往往会适得其反。

有这样一位母亲，为了圆自己的钢琴梦，将自己没有实现的理想寄托到女儿身上，不顾孩子自己的兴趣爱好，一味逼孩子练琴，甚至棍棒相加，结果只能是事与愿违。社会上不是曾发生过孩子拒学钢琴，自残双手的悲剧吗？这说明孩子的兴趣发展受到胁迫时，就会产生过重的心理压力，严重影响孩子的身心健康。

因此家长在培养孩子时，不要代替他决定要学些什么，应让孩子广泛地接触事物，在此基础上发现孩子的兴趣或特长，从而加以引导，使他在这方面能取得更突出的成绩。这种成就感不仅会让孩子对自己更有信心，还会促使他追求更高的目标，形成前进的动力，并且对孩子其他方面的提高也会起到一定的作用。

美国著名心理学家詹姆斯·道森曾经说过："培养一桩爱好是培养健康少年的关键，至少在一个方面有突出成绩，将给人带来积极向上的动力和自尊。"

兴之所致，当之成趣。兴趣是孩子们最好的老师，活动是他们最喜爱的形式。老师和家长要把握每一个孩子身心成长特点和教育发展规律，使得校园处处洋溢欢声，课堂时时响起歌声，生活天天充满笑声。在这样的学校里学习，在这样的家庭里成长，孩子们又怎能不感到幸福和快乐！小琳的成功不也说明，虽然遭遇到了父母离异的不幸，但她在歌声中找到了自信，在歌声中找到了真正的快乐。

我们多么希望看到，在兴趣的海洋中有更多的孩子自由挥洒，尽情遨游。我们做家长的只需助孩子一臂之力，让孩子扬起兴趣的风帆远航，让一张张青春的笑脸写满学习成长的快乐和幸福。

第二章

树立家长威信，从自我修养开始

  家长朋友们，在你督促孩子学习的过程中，采取千篇一律的说教、训斥或者是简单命令的方式，是不是会起到令孩子厌恶学习、惧怕学习的反作用呢？相反，如果你了解孩子的想法，并将一些有效教子方法潜移默化地应用到教育孩子的过程当中，相信定会收到事半功倍的效果！所以，做家长的首先要懂得教育规律，不要瞎指挥，这就是对做学习型家长的具体要求。

学点心理学知识
——使家长的指导更具权威性

应家长要求,我曾经为他们开办了心理学知识讲座,目的是要家长了解一些心理学知识,以使家长对孩子学习方面的指导更有针对性,更具权威性。

开学初,我将辅导内容加以整理,发表在学校网站上,题目是《根据心理学效应指导孩子学习》。摘录如下:

家长朋友们,或许你的孩子一直以来都对学习提不起兴趣,或许上学期糟糕的考试成绩已使孩子丧失了信心,那么随着新学期的到来,家长就该采取行动,重新激发孩子学习的斗志啦!

我们特就几大心理学效应作一解读,希望能给家长们一些启示。

一、采用"大目标、小步子"的方法,防止半途效应

半途效应是指在激励过程中达到半途时,由于心理因素及环境因素的交互作用而导致的对于目标行为的一种负面影响。大量的事实表明,人的目标行为的中止期多发生在"半途"附近,在人的目标行为过程的中点附近是一个极其敏感和极其脆弱的活跃区域。导致半途效应的原因主要有两个:一是目标选择的合理性,目标选择越不合理越容易出现半途效应;二是个人的意志力,意志力越弱的人越容易出现半途效应。

锦囊一:根据这一原理,要求家长在平时教育孩子时,多注意学习各方面的知识,培养多方面的能力,同时多注意进行意志力的磨炼。行为学家提出的"大目标、小步子"的方法,对于防止半途效应的发生具有积极的意义。

心理学和生理学的研究都表明,人的遗传素质的差别并不大,之所以后来有人成名成家,有人成了凡夫俗子,主要原因是后者的潜能没有被发现,没有被发现的原因往往是从小没有明确的目标。

孩子一旦确立了坚定的人生目标，就会调动全部能量，主动求知，积极进取。父母要善于利用各种途径和方式引导孩子树立远大的理想，并分析名人成功的历程，帮助孩子把远大的理想化为中期目标、近期目标，促使孩子通过实现一个又一个目标，来逐步接近人生理想，在理想和目标的激励和鼓舞下，实现真正的自觉和主动。

中期目标、近期目标还可以具体到孩子一上初中或高中，首先制定一个三年努力方向，然后分别制定每学年和每学期的小目标，一步一步踏踏实实地完成。

二、利用酝酿效应，有难题放一放再解决

先给大家讲一个小故事：在古希腊，国王让人做了一顶纯金的王冠，但他又怀疑工匠在王冠中掺了银子。可问题是这顶王冠与当初交给金匠的纯金一样重，谁也不知道金匠到底有没有捣鬼。国王把这个难题交给了阿基米德。阿基米德为了解决这个问题冥思苦想，他起初尝试了很多想法，但都失败了。有一天他去洗澡，他一边坐进澡盆，一边看到水往外溢，同时感觉身体被轻轻地托起，他恍然大悟，最终运用浮力原理解决了问题。

不管是科学家还是一般人，在解决问题的过程中，我们都可以发现"把难题放在一边，放上一段时间，才能得到满意的答案"这一现象。心理学家将其称为"酝酿效应"。阿基米德发现浮力定律就是酝酿效应的经典故事。

锦囊二：孩子在学习过程中，常常会对一个难题束手无策，不知从何入手，这时思维就进入了"酝酿阶段"。我们可以告诉他，当我们抛开面前的问题去做其他的事情时，百思不得其解的答案有时会突然出现在我们面前，令我们忍不住发出类似阿基米德的惊叹。这时，"酝酿效应"就绽开了"思维之花"，结出了"答案之果"。

古代诗词说的"山重水复疑无路，柳暗花明又一村"正是这一心理的写照。心理学家认为，酝酿过程中存在潜在的意识层面推理，储存在记忆里的相关信息在潜意识里组合。人们之所以在休息的时候突然找到答案，是因为个体消除了前期的心理紧张，忘记了个体前面不正确的、导致僵局的思路，具有了创造性的思维状态。

因此，如果孩子在做题的时候，出现了拦路虎，百思而不得其解时，不妨先把它放在一边，去和家人散步、喝茶，或许答案真的会"踏破铁鞋无觅处，得来全不费工夫"。

三、木桶法则提醒我们，学习千万不可偏科

"木桶法则"的意思是：一只沿口不齐的木桶，它盛水的多少，不在于木桶上那块最长的木板，而在于木桶上最短的那块木板。要想多盛水——提高木桶的整体效应，不是去增加最长的那块木板的长度，而是要下工夫依次补齐木桶上最短的那块木板。

"木桶法则"告诉学生，学习千万不要偏科。偏科是指某几门科目掌握得很好，甚至在全班或全校都是名列前茅，但某几门科目却处于中下水平或更低。

请家长注意，偏科首先是一个心态问题，有些孩子对某几门科目不感兴趣，用在上边的时间就不多，而在那几门感兴趣的科目上肯于下工夫，结果就出现了成绩不平均的现象。还有的孩子某个科目总是学不好，久而久之就对这个科目产生了恐惧和排斥心理，成绩也就越来越下降。

锦囊三：家长要提醒孩子，在各科的学习过程中，要下工夫狠抓薄弱科目，越是不感兴趣的科目，越要通过培养兴趣来提高这科成绩。否则，薄弱科目永远成为了努力向前的绊脚石。人们常说"取长补短"，即取长的目的是为了补短，只取长不补短，就很难提高总成绩。

四、学习要持之以恒，避免月曜效应

老师们注意到有这样一种现象：不少孩子在星期一上课时往往精神疲惫、注意力分散，甚至有的学生从第一节课便开始睡觉，而且作业的上交情况也并不乐观。

这到底是什么原因呢？心理学家的解释是：双休日中，孩子在心理上开始自我放松，原来紧张有序的学习生活被悠闲随意的玩乐取代。于是，晚睡晚起，精神不振。到了星期一，孩子的心理状态和生物钟还没有及时调整过来，结果出现了不少孩子在星期一注意力分散、记忆力差、纪律散漫等现象。按理休息之后应该精神倍加，效率提高，但是事实并非如此。因为我国古代把星期一又叫做"月曜"，所以心理学家将这种现象称为"月曜效应"。

锦囊四："月曜效应"给我们的启示是，家长要对孩子双休日或假期的学习生活予以指导，不能给孩子安排过多的培训班，也不能过于放任孩子。在假期结束之前要提醒孩子利用一段时间调整生物钟，以便孩子能以最短的时间适应校园学习生活。

同时，家长的作息时间也应该根据孩子的学习时间做适当调整，不宜在双休日经常性地举行家庭或朋友聚会或是其他的影响孩子学习的娱乐活动。

另外，家长最好在星期一孩子上学前，对他们进行必要的提醒，引导他们调整生物钟，从而更好地投入紧张的学习生活。

五、罗森塔尔效应，让孩子对自己有期望

心理学家罗森塔尔曾对某学校的孩子进行了一项"未来发展趋势测验"，并给该校老师提供了一份"具有优异发展可能"的学生名单。半年后，他对参加测试的孩子进行复试，发现凡是上了名单的孩子，成绩都有了明显的进步，且自信心大大增强。事实上，那份名单只是随意拟定的，但是名单却左右了老师对孩子的评价，老师又将这一心理活动传染给了孩子，使孩子感受到了来自老师的期望，从而使各方面得到了进步。

每一个孩子都具有其独特的优势与才华，但孩子能不能将这些才华表现出来，就要取决于家长能不能像对待天才一样爱他、期望他、教育他。也就是说，家长的期望并不一定会对孩子有多大的帮助，但家长要善于将自己的期望恰到好处地"转嫁"给孩子，让他们对自己拥有期望，进而为实现自己的期望而努力。

给予孩子更多的关怀与赏识。当孩子感受到家长的关爱时，就会萌发或增强好学的愿望、向上的志向、勤奋学习的动力。为了增强孩子的自信心，家长要多真诚地赞扬孩子，以使孩子对自己的前途更充满希望。家长要时时把赞赏当成孩子生命中的一种需要，积极发现孩子的优点，及时对孩子进行赞赏。

锦囊五：具体来说，家长要善用表情、动作传递关爱。有时候，肢体动作的暗示作用要强过语言表达。想要把教育意图暗示给孩子，使孩子理解、领会，家长可以用眼神、表情、手势、动作来表示自己对孩子某一做法的赞同或反对。比如以拥抱表达自己对孩子的认可，从而增强孩子的信心；用皱眉表示对孩子成绩的不满，以引起孩子的警惕等，这比大喊大叫效果往往更好。

请家长朋友们想想，有时你在督促孩子学习的过程中，采取千篇一律的说教、训斥或者是简单命令的方式，是不是会起到令孩子厌恶学习、惧怕学习的反作用呢？如果我们能够了解孩子的想法，并将一些心理效应潜移默化地应用到教育孩子的过程当中，那是不是会起到事半功倍的效果？所以，做家长的首先要懂得教育规律，不要瞎指挥，这就是对做学习型家长的具体要求！

| 好父母　好朋友 |

"馋嘴妮"造就"优良厨"
——做个孩子的"好后勤"

平时我注意到，有的家长不惜在麻将桌上虚度光阴，不惜在美容院里占用时间，却经常懒得为孩子做饭。我对这种做法大不以为然。在我的一篇博文《"馋嘴妮"造就"优良厨"》中，我曾提醒家长朋友们，尤其是妈妈们，做个孩子的"好后勤"。

现在妈妈回到家有两个最大的乐趣。一是上网做博客、进论坛，但那是一个虚拟的世界，属于精神文明范畴。二是在家当"大厨"，建设实实在在的物质文明。这"大厨"还是你这个"馋嘴妮"培养出来的呢。

说来惭愧，结婚以前，一直享受着姥姥做的饭菜，过着"饭来张口"的生活；结婚以后，又肆无忌惮地吃着奶奶和你大娘做的现成饭。但是自从爷爷得病后，我们搬出来住，妈妈不得不"自己动手，丰衣足食"了。

开始觉得和柴米油盐打交道那么麻烦，自己简直沦为家庭主妇了。幸亏尚懂得"民以食为天"的古训，本着"世上无难事，只怕有心人"的原则，先后买来了各式各样的食谱、菜谱：《京菜烹调280例》《家庭蔬菜烹调350种》《大众菜谱》《大众食谱系列之——大众素菜、简易、家常菜各100例》，等等。渐渐尝到了买菜做饭的乐趣。

你从小嘴就刁，对食物特别挑剔，对饭菜的质量要求也很高，自己还美其名曰"美食客"。妈妈可不买你的账，仍然叫你"馋嘴妮"。话是这么说，可是为了配合你吃多吃好，妈妈只好努力将自己锻造成合格的"大厨"了。

还别说，按照菜谱做出来的菜，就是色香味俱佳。另外，除了电视《天天饮食》等帮了大忙外，有时网络也起了一定的作用呢。上次做"酥鲫鱼"就是从网上找了几种做法，选择其一做成的。

每当中午忙活完了，静静地等你放学回来，看到你贪婪地望着桌上的饭菜，露出满意的笑脸，然后狼吞虎咽大快朵颐时，妈妈觉得这就是最直接的成就感和幸福感了。

我们总是头一天讨论好第二天的食谱，常常是爸爸先回家蒸好米饭、山药或红薯等，再把炒菜的准备工作做好，妈妈下班回来，一边对照着菜谱，一边变着花样做好各种有营养的美食。我们愿意中午多做几样饭菜，大饱你的口福。因为晚饭你在学校就餐，饭菜都是大打折扣了。

周五的中午我们大都吃饺子。因为只有这天，妈妈有第五节课不能早回来做饭，我们只好在平时空闲的时间里包好饺子速冻在冰箱内。现在你只对以瘦肉、虾仁、鸡蛋、韭菜为主料的三鲜馅饺子情有独钟。没办法，只能投你所好了！从小到大你都很少闹病，在迎接高考这关键的一年里怎能让你营养缺失呢？

现在妈妈做的饭菜已经得到了你的充分肯定，甚至你常说比姥姥和奶奶还有大娘她们做得都好呢，可以跻身"优良厨"的行列中了。不是自夸，妈妈自我感觉这个"后勤部长"当得还算合格，你说呢？（看到这，你伸出了大拇指，来了个very good！）嘿嘿。

我校本学期在为学生体检时发现，一部分学生出现了视力下降，身高增长缓慢现象。还有一部分学生出现了注意力不集中，消瘦，缺钙，贫血等营养素缺乏的病症。学生的身体素质差，学习效率明显下降，严重影响了学生的正常生长发育。一方面肥胖现象增多，另一方面也有一部分体弱多病的学生。

我们经常看到有些学生要么不在家吃早餐，只在路上匆匆买点东西，随便吃一点。要么就干脆不吃早餐，致使上午最后一节课饥肠辘辘，无心听课。调查中了解到，有的家长工作忙，顾不上做孩子的早餐，更有甚者，自己就没有意识到早餐的重要性，早晨宁可自己睡懒觉，也不为孩子做饭。午饭和晚饭也是凑合着做，嫌麻烦，不考虑营养搭配，或者干脆经常让孩子到快餐店吃那些高热量的食物。

针对这种现象，我们首先给各位家长发放了关于学生饮食健康的调查表及相应知识介绍，反馈结果概括如下：

1. 问：你觉得现代学生普遍存在的健康问题是什么？

答：现代学生普遍存在的健康问题主要有：偏食，营养不良，肥胖，而且将来肥胖的发展趋势会愈加明显。

2. 问：学生的健康标准是什么？你认为有几成的学生能达到这种身体健康的标准呢？

答：身高、体重要成一定比例，发育正常，肺活量达到标准。只有少部分学生会达到这种标准，估计会有八成学生达不到这种标准。

3. 问：学生的饮食应注重哪些？

答：应该注重体内热量的充足，每天应摄入热量2500千卡，此外还要有蛋白质等一些微量元素的摄取。

4. 问：中学生不正常饮食会有什么样的危害？

答：会影响生长发育，长期营养不良将致使学生不能认真听课。

5. 问：你对中学生在健康饮食方面有什么建议？

答：要合理饮食，早餐要吃得好，午餐要吃得饱，不能饿着肚子听课。

6. 问：介绍一下饮食和健康的关系。

答：合理的饮食会直接影响到健康，长期营养不良，身体素质会下降，而营养过度会导致肥胖。

孩子们正处在成长期，新陈代谢旺盛，所需要的能量和各种营养素的数量相对要比成年人高。而如果营养不均衡则会影响正常的生长发育。如果缺少人体内的必要元素，就会导致上课学习时注意力不易集中，记忆力减退，视力下降等状况，严重危害他们的日常生活。

孩子当前的任务就是学习，而拥有健康的身体是取得优良成绩的根本。特别要强调的是，不吃早餐或早餐质量低的学生，很多在上午第三节课就出现饥饿、眩晕、注意力分散和思维迟钝，甚至出现四肢无力、面色苍白、心慌多汗等低血糖现象。早餐对学生的学习还是有很大作用的。保证好的早餐不一定有好的成绩，但是没有好的早餐，就一定不会有好的成绩。

我们知道，如果想拥有健康，那么首先你必须具备正确的健康观和良好的生活习惯，而这一切都必须以具备一定的健康知识为基础，所以对营养学知识的学习就显得尤为重要了。要懂得，最好的医生是你的身体，最好的药物是食物。

按照我们现有的生活水平，多数孩子在饮食中保证营养素的数量不是问题，家长为孩子做饭定要注意营养的均衡，也就是搭配问题。希望家长都能重视孩子的营养保证，重视孩子的饭食营养搭配，尽量给孩子多做饭，做好饭。

吴老师的家教锦囊

这里还提醒家长们应该了解一些营养学方面的知识，注意：

一、膳食多样化

每天膳食五大类应俱全。即谷类、豆类以及奶制品、肉、蛋、禽、鱼等动物性食物类，水果、油、糖等热能食品，这五类食物提供人体必需的六大营养素，即蛋白质、脂肪、碳水化合物、无机盐、维生素和水。它们行使着机体组织职能，提供热能调节生理机能。其中大量矿物质（钙、铁等）及部分维生素有利于机体脂肪代谢分解和肥胖的预防。同时，矿物质还可使大脑保持灵活。

二、膳食搭配要合理

1. 各类食物每日摄入量要合适，确保营养素间的平衡。

2. 各类比例适当。

（1）三大营养供热比：蛋白质、脂肪、碳水化合物在一日总热能中所占的比例分别是：10%~15%、25%~30%、55%~60%。

（2）三餐热量比：要注意一日三餐热量的合理分配，早餐占30%，午餐占40%，晚餐占30%。

对有些家长来说，烟熏火烤是天敌。"满面尘灰烟火色，两鬓苍苍十指黑"更是女人们发自内心拒绝的形象。而我最欣赏《大长今》中一句话："做食物的人要以虔诚的心对待食物和吃食物的人。"

孩子的妈妈们，做女人是要像大长今那样内外兼修的。美来自内心，来自你想善待每一个人的心，包括善待你自己和你的孩子。做到这一点，岂止是做饭，你会在生活中的时时处处都找到无尽的乐趣。有人说，会生活的人一定会做饭，想做饭，因为他从生活的点点滴滴中体会每一天的乐趣。做饭也一样，是感受那种快乐的过程，而不应该把它当成负担。别忘了，爱孩子的妈妈，聪明的妈妈做出来的饭菜才会更好吃呀！

和孩子一起思考

——力争做一个"万事通"

在一次家长会上,我为家长们朗读了初二(7)班小旗的一篇作文:《我们家的"万事通"》。孩子在作文中,极其崇拜地将爸爸唤作"万事通":

我爸爸是个"万事通",我的什么问题都难不倒他,看完科幻动画片后,我带着一大堆"问号"去找爸爸。

"为什么光能让我们看见东西?""什么是宇宙大爆炸?"他总能给我满意的回答。

平时我的问题也是千奇百怪,但爸爸都会给我耐心解答。到公园去玩,我会问:"一条毛毛虫为什么会成为美丽的蝴蝶?"读了爱迪生的故事,我会问:"为什么鸡可以孵蛋,人不可以?"还有像雪为什么是白的?猫头鹰为什么睁一只眼闭一只眼?太空植物为什么那么大?等等等等。

最搞笑的是那次,我一起床就问爸爸:"为什么我刚起床时感到全身无力?"没想到爸爸不假思索地告诉我:"这是因为肌肉的活动完全受中枢神经系统的支配,当我们刚醒时,中枢神经系统的抑制过程刚过去,全身肌肉仍然处于松弛状态,肌肉只要不活动,就不会产生力量,所以觉得浑身没力。"嘿,还真有他的!

还有一次,我妈妈问爸爸:"吃柿子为什么不能与螃蟹、土豆一起吃?"这下把爸爸难住了,不过,一会儿他就从书上找到了答案,赶紧告诉了妈妈:"那是因为冻柿子里含有一种鞣质,如果吃柿子再吃螃蟹,这种鞣质便和螃蟹中的蛋白质结合,凝成不能消化的东西。"

平时我们爷儿俩还经常一起看《开心辞典》《绝对挑战》节目,那上面好多问题,我爸爸都能答上来,我有时也能答上来一些呢。

虽然我爸爸只有一米六五的个头，可他在我心目中，是那样高大，我需仰视才能望见他头脑中的智慧！

听完作文，家长们议论纷纷：

"我们没有多少文化知识，怎么能回答得了孩子那么多的提问？"

"时代进步了，我们也应该多学习，与时俱进，跟上时代的脚步，别叫孩子瞧不起咱。"

"我们应该充分利用业余时间多看书，多了解一些各方面知识。"

"孩子整天问这问那，我可没有那份耐心！"

"人家小旗爸爸是教授吧，要不怎么懂那么多？"

我适时地将自己了解到的小旗爸爸的情况，介绍给大家：他虽然只是一个普通工人，但因为爱看书学习，又爱钻研，对很多科学知识都略懂一二，儿子问的问题，他都能够顺利解答，即使不能马上回答，也会通过查书或者上网找到正确答案。他总是在孩子提问时，不失时机地捕捉这个教育孩子的好机会，对孩子进行潜移默化的科学知识普及和文化知识的熏陶。

家长朋友们，你要知道，孩子成为一名中学生，他的学习不能仅仅局限于课本，当孩子对课本以外的难题最有兴趣，最想知道答案的时候，父母只需利用很短的时间，耐心地为孩子讲解，就肯定会收到事半功倍的效果。

所以，当孩子发问时，父母一定要抓住这个火候，即使答不上来，也要直截了当地告诉孩子，爸爸妈妈不是这个领域的专家，你可以自己查资料，找答案，也可以全家人一起讨论。孩子提问题，说明他在思考，那是孩子思想的火花在闪烁，这个时候家长决不能泼冷水，否则会伤害了孩子的积极性，久而久之孩子就丧失了思考、探索的勇气。

再有，当孩子对着你喋喋不休地提问时，你一定要耐心地倾听并及时地解答，而在成人的耐心倾听和准确的回答中，孩子收获的不仅仅是知识，更多的是提问的勇气和信心。

其实，教育孩子就应该贯穿在日常生活之中，有头脑的家长会抓住各种有效时机，随时随地、见缝插针地去进行。例如孩子在遇到问题时，大都喜欢发表自己的见解，父母如果是有心人就会发现在孩子的评论中有正确的，也有错误的，此时用浅显易懂的言语及时帮助孩子正确认识问题，效果也会很好。

当然，光抓住火候也是不够的，家长还要切实做好"炒菜"前大量的准备工作，也就是说，要先孩子一步进行大量的知识积累，力争做一个"万事通"。只有这样，才能更从容地为孩子"烹"出佳肴。

吴老师的家教锦囊

怎样解答孩子的问题呢？我给家长们的建议是：

孩子提出比较复杂的问题时，你不应该说：小孩子不需要懂这些！你应这样说：孩子，这个问题很复杂，等你长大一点了，妈妈（或爸爸）再告诉你。

当孩子提出了你不明白的问题时，你不应该说：告诉你了你也不明白，一边玩去。你应这样说：这个问题妈妈（或爸爸）也说不好，等明天弄清楚了再告诉你好吗？

家长朋友们，我们换位思考一下，如果你在一个咨询台询问一件什么事，对方只是随便敷衍几句来搪塞你，你会是什么心情？如果每次都碰到这样的事呢？你又会怎么想？估计你除了气愤，多碰壁几次后，再也不会去咨询什么事了。

那么，由己及人，也来想想孩子们吧。

孩子天生好奇心强，有时他们没有途径去满足好奇心，便只好拿不明白的事去问父母。而有的父母觉得他们只是在没事找事，问的问题实在多而无聊，甚至可笑。有时，大人又因为工作忙或者孩子的问题实在难以回答，便应付说"现在忙，过一会儿再说"，或者"你自己想吧"。有时大人实在恼了，没好气地说："你问我，我问谁去？"

这样的态度，首先，会严重打击孩子的好奇心。如果经常这样，孩子会逐渐变得对身边的事物失去兴趣，也失去了思考的机会，大脑会趋向于迟钝。其次，会影响父母与孩子的亲密关系，因为孩子会觉得父母根本就不关心自己。

有的孩子天性敏感，内心脆弱，好不容易有了兴趣问问父母，却碰了一鼻子灰，他的心里该是多么难受。而且很可能在潜意识中害怕再次受到伤害，因而再也不问父母问题，甚至疏远父母。这样的次数多了，父母与孩子的关系会不断淡化，交流与沟通的和谐关系就会被破坏。长久下去，孩子的心只会离父母越来越远。

也许孩子提问并不一定就是要一个准确的答案。他们的快乐有时在提问这个过程，而不是答案本身。所以，父母对孩子提问有个交代，孩子心理上就获得了被接纳被重视的满足感，他的好奇心及对父母的信赖才会慢慢地发展起来。

值得一提的是，父母千万不要随便乱说，胡诌一个答案。尤其是一些涉及科学知识的问题，一定要自己弄清楚了再告诉孩子。

希望作为新时代的家长，在孩子面前能够开放各种主题的谈话，做"可被征询"的父母。父母要努力学习，丰富知识面。现在的孩子对英语、网络、文学、美术、音乐、舞蹈、体育、科技以及外国的文艺、影视等方面的涉猎越来越广，这就要求父母与时俱进，不断学习，充实和更新自己各方面的知识。

我们当然不可能什么都懂，什么都精，但如今是个终身学习的时代，努力成为学习型父母，应该说是为人父母的基本要求。对孩子好奇的问题要能正确回答，千万不能孩子问问题时，父母来个什么都"无可奉告"。这会伤了孩子的好奇心和求知欲，也会损害自己在孩子心目中的威信。

同时还要了解孩子的学习内容，对孩子感兴趣的体育项目、歌曲等也了解一些，以便探讨起来有共同语言。家长还可以把自己在网上冲浪所得到的知识与孩子共同分享。同时也注意及时跟孩子交流自己的人生经验和对时局现状的看法，让他了解社会，认识社会，而不是生活在真空中。

最后，希望每位家长尽量做到"孩子优先"。无论多忙，无论孩子的问题多么可笑，多么难以回答，都要认真地对待。

1. 要对孩子能够提出问题予以肯定，保护好孩子的好奇心。

2. 肯定孩子提出的问题有价值，告诉他们，有的问题是家长也不曾考虑到的，培养孩子的自信心。

3. 引导孩子学会自己通过查阅有关书籍或上网解决疑难问题。"授孩子以渔"，让孩子知道掌握解决问题的方法比学会知识更重要。

4. 父母应该为自己的孩子在思考和知识储备方面超过了自己而自豪，并让孩子也感受到家长的这种欣喜之情，形成勤学好问的良性循环。

相信家长这样做了，不仅使孩子的求知欲、好奇心自然地得到发展，也能确立起父母与孩子之间的协调关系。

如果我们做家长的都像小旗的爸爸那样，首先自己力争做一个爱学习肯钻研的"万事通"，然后带领孩子不断探究新知，那何愁我们的孩子不优秀呢？

崇拜的作用非同寻常，榜样的力量无可比拟！

五种不受欢迎的妈妈

——好妈妈要有"五颗心"

刚刚上初一的孩子,对自己童年的回忆是怎样的,对妈妈们的表现会怎样评价,我们组织了一次表演课:妈妈与孩子。请五组同学上台表演小品,因篇幅有限,孩子们的表演仅录梗概。

小品一

孩子:我是一个爱唱歌跳舞、喜欢画画剪纸的孩子。我最希望妈妈在下班回家后,能陪我一起玩,回答我的那些"稀奇古怪"的问题。可是……

妈妈:我一天到晚上班很累,下班后,孩子还要缠着我问这问那,我就不明白,我这孩子的话为什么这么多?真磨人!

旁白:这是一位"没有耐心,什么都不会"的妈妈。亲爱的妈妈们,孩子的好奇心和求知欲都很强,如果你们一问三不知,会让我们做孩子的很失望。我们希望妈妈们能花更多时间和精力,帮助孩子更好地成长,别因为你们的无意识行为熄灭孩子的求知欲望,那有可能改写孩子的人生噢。

小品二

孩子:我妈妈下班回家第一件事,就是坐在电视机前。不管电视内容好与坏,一坐下来,就不想起来。那些电视连续剧更是一集不落。每当我想和她说说话或者叫她帮我做事情时,她总是推三阻四地不让我打断她看电视的兴趣。

妈妈:电视连续剧《没完没了》就要开始了,可孩子非要叫我给她检查一下作业,唉,真烦人,电视演得正精彩呢,也不知道他俩最后到底结婚了没有。

旁白:这是一位"爱看电视"的妈妈。亲爱的妈妈们,如果你们一直与电视机为伍,不仅会失去许多亲子沟通的机会,而且也影响孩子们。你们想想,在看电视的时候，孩子也会随着一起看，这会让孩子也从小就喜欢看电视，知道它的严重后果吗？这样可能会导致一些孩子不善与人交流、沟通。好妈妈应该多培养孩子们看书读报的好习惯，这样才能发展我们的想象力呀。

小品三

孩子：妈妈总想把我塑造成"全能公主"，她不但给我报了钢琴、舞蹈、美术班，还报了英语辅导班。周六周日，我一点自己玩的时间都没有，就是这样妈妈还不满意呢。

妈妈：我要把孩子培养成全才，可孩子就是不争气，钢琴只过了六级，就是过不了八级；舞蹈只参加了一次省级比赛；美术拿的是银奖而不是金奖；英语还算差不多，获得了全国能力竞赛复赛资格，但可惜没有进入决赛。

旁白：这是一位"什么都不满"的妈妈。看看，孩子已经学了不少了，很累很累了，但总是得不到妈妈的认可。很多妈妈总对孩子说："你怎么就不能再做得好一些呢？"这让孩子多泄气呀。告诉妈妈们一个小秘密，如果你经常对孩子讲"总会有人比你强，也会有人比你差。你要庆幸你现在努力得到的结果"，也许对孩子的鼓励反而更大，更能够增强他的好胜心呢！

小品四

孩子：我在班里是宣传委员、数学课代表，学习成绩也是居中上游，可是妈妈总是在我面前夸她同事的孩子。这让我不由自主地就产生了自卑感，觉得自己再用功也达不到别人的水平。

妈妈：人家小张的孩子次次能考年级前三，也不知道人家那孩子是怎么学的。我的孩子怎么就这么不争气呢？

旁白：这是一位"爱和人家比"的妈妈。有的妈妈总是看到别的孩子出色的一面，有时还不明明白白地批评自己的孩子，却拐弯抹角地说："人家如何好，你要向别人学……"听了这样的话，聪明的孩子听不懂才怪。所以孩子总会不服气，甚至很反感，感到自信心受到打击。告诉妈妈们，每一个孩子都有独特的能力和兴趣，你们可不能统一要求孩子们呀，应该让孩子成为自己，帮助孩子去发展他们的潜能。

小品五

孩子：妈妈总是当着别人的面说我这个不好，那个不对，真叫我没面子。我又不是小孩子了，我也有自尊心啊！

妈妈：我的孩子就是这样"人来疯"，什么事情也做不好。你看看他，连摆桌子这样一点小事也做不来。

旁白：这是一位"谦虚过度"的妈妈。知道吗？这样会伤害孩子的自尊心呢。在外人面前，大多数孩子会有些小差错，这是在所难免的啊。妈妈如果总是当众指责孩子，会伤孩子的自尊，甚至会让他反叛，故意要做得更出格。我们多么希望，无论自己做了什么错事，妈妈绝不在别人面前让我们难堪——无论他们是陌生人、家里人，还是朋友们。也许等我们回到了家或是把我们带到一边再去说，我们会更容易接受。

台下的家长们看着孩子们虽然稚嫩但非常真实纯朴的表演，有的发出会意的笑声，有的若有所思。那些旁白内容，实际上已经告诉妈妈们应该怎样做了。这难道不是一种对家长最好的启发和教育吗？

对孩子来讲，妈妈是朋友，妈妈是老师，妈妈是孩子的引路人。可以说，妈妈教育方法的差别，常常影响孩子的一生。

"让子女有出息"是妈妈们永恒的需求，而教育子女的方法多种多样，孩子的个体情况、家庭环境、家长素质等都是重要的因素。家庭教育要有效地配合学校教育，达到共同教育好学生的目的，让孩子快乐健康成长。在孩子的成长过程中，爱的因素非常重要。但是，当妈妈的爱失去理智和限度时，对孩子的爱就成为极端的爱，这往往会导致孩子身心的不健康发展，心灵发生扭曲，对孩子将来的人生发展造成不良影响。

吴老师的家教锦囊

那么，怎样才能做个好妈妈呢？我认为当一位好妈妈要具备"五颗心"：

1. 责任心。有的妈妈，只图自己享乐玩耍，置孩子的需要于不顾，甚至有的妈妈即使有条件，也是连自己的孩子都不愿意带。他们把孩子推给长辈，对孩子的成长教育不管不问，自己落得个一身轻松。说得严重些，这么没有责任心的人，简直不配做妈妈。

2. 求知心。妈妈们首先应该多读书，丰富自己的同时，也成为孩子的良师益友。当然，读书求知无疑是明智的选择，但实际上，家庭教育重在实践而非仅限于理论。尤其对于父母而言，抓住关键的问题，反思个人的经验，听听专家的建议，用心琢磨孩子，一般都会找到富有实效的方法。也就是说，家教指导需要一种更快捷、更实用的方法。成功的妈妈需要具有优良的教育素质，而妈妈的教育素质由五个元素构成——现代的教育观念、科学的教育方法、健康的教育心理、良好的生活方式、平等和谐的亲子关系。

3. 童心。孩子的心灵是纯净的，他们拥有明亮的眼睛，并且对这个世界充满好奇。孩子们的"十万个为什么"常常让我们惊叹他们的想象力如此之丰富、好奇心如此之广泛。只有拥有一颗童心的妈妈才能真正理解孩子的需要。要多从孩子的角度考虑问题，想他们所想。在养育孩子的同时，与孩子一起成长。

4. 细心。这原本是女人的天性，而做了母亲后，我们会将这种天性发挥到极致。对孩子的生活规律、饮食起居要细心，这个自不必说，更重要的是要善于观察孩子的情绪变化。只有这样才能走进孩子的内心世界，有的放矢地帮助孩子解决思想上的难题。

5. 耐心。带孩子是一件特别考验人的耐心的事情，因为孩子每一天遇到的每一件琐事，都会是烦乱和无奈的。对孩子的教养，需要有持之以恒的态度，不能今天想起来就关注一下孩子，明天就将教育孩子的责任置之脑后。当孩子犯了这样那样的错误以后，妈妈们还要学会对他们的行为加以"忍耐"，找出最恰当的教育方式。

都说母爱是无价的，每一个母亲给予孩子的爱，都是无价的！但怎样让孩子充分领会到这份爱，妈妈们必须掌握"传达"这一爱的方式与艺术。这一方式是如此地具有力量，以至于它在毫无声息中，便把自己对于孩子的爱淋漓尽致地传达了出来，并给了孩子以最好的熏陶和教育。要知道高尔基曾经说过："爱孩子，这是连母鸡都会的，但教育好孩子却是一门艺术。"

全家总动员
——"隔代教育"需要两代人合力

我参加初三（3）班家长座谈会，发现来的家长中有很多是孩子的爷爷奶奶或姥姥姥爷。我们就隔辈教养的话题聊了起来。

小志的妈妈诉说了她的烦恼：在教育孩子的问题上，我和他爷爷奶奶存在严重分歧。"树大自然直，人大自然成。"这是孩子爷爷奶奶的口头禅，他们说我管教孩子太严厉。爷爷奶奶对孩子的一些任性骄纵行为，听之任之，简直成了孩子的"保护伞"，让孩子很难接受我和他爸爸的管教。我不知道别人的家里有没有这种情况。

小美的爸爸说：我们家情况好些，我们提前约定好，在教育孩子时，我和小美妈妈唱白脸，她姥姥姥爷唱红脸。孩子做错事了，我们两口子对她进行严厉的批评教育，然后姥姥姥爷再替孩子说好话，帮助孩子在我们面前下保证。我们觉得，这样孩子也受到教育了，心灵也安抚了，两全其美。

晓风的爷爷说：唉，我也挺后悔的。晓风妈妈讲究卫生，喜欢家里干净、整洁，一看到孩子吃饭掉饭粒啦，做完作业后不收拾啦，她就会冲孩子发火。我就说，孩子还小，大了就会注意的。只要晓风妈妈批评孩子，我就会护着他，孩子总会说："爷爷最好！"也会在更多方面听我的。开始我自己还很得意，结果没想到，孩子现在养成了不爱整洁的毛病，整天邋里邋遢，改都改不过来了。

小衡的妈妈说：孩子从小是爷爷奶奶带大的，到了初中我们才接过来，他和我们有很深的隔阂。每天放学回家和我们几乎没什么话讲，总是一进门就看电视，要么上网要么打电游，一坐几个小时，乐此不疲，简直是上瘾。我们说他也不听，有的时候，我们想和孩子谈谈学校的事，他总是爱答不理的。

小涛的爸爸说：我们家呀，是我一批评教育孩子，他奶奶就过来袒护，还当着孩子的面责怪我：对孩子那么凶干吗？你忘了你小时候啦，尿床、打架、逃学，还不如你儿子听话呢！常常弄得我非常尴尬，孩子在旁边也更得意了，唉，我根本没法管教孩子。

小松的奶奶说：我觉得，我们做老人的也要多学习学习了，现在孩子懂得很多，如果我们啥也不知道，咋能管好孩子呢？

……

现在不少年轻父母认为有长辈帮着带小孩是福气，即便工作和生活条件允许，也希望能免去抚养儿女之"苦役"。其实，在教育孩子方面，年轻父母必须要明确一点：隔代教育，自始至终只能是一个补充，自己该承担的对孩子的抚养和教育责任不能单纯靠"推"来解决。把孩子"推"给祖辈，只能解决一时的困难，不会是长久之计。

隔代抚养与父母带大的孩子相比，前者存在更多心理沟通方面的障碍。我们想啊，爷爷奶奶带孙子一辈，毕竟隔了一代人，总会觉得当爹当妈的不在孩子身边，要么宠着，要么很理性地管理着——生怕孩子万一有个闪失，不好交代。同时祖辈与孙辈年龄距离大，爱好和兴趣难以协调，这就使得有些孩子对父母提要求觉得自在些，对爷爷奶奶提要求则觉得拘泥、压抑些。此时，孩子的心理和身体正处在成长阶段，很容易造成心理自闭。

也有的父母将小孩子托给上一辈老人照看，等孩子大了接到身边，才发现他怎么处处都和自己闹别扭，那么陌生，这时才来软的或硬的。但假如孩子软硬不吃，就会闹得家庭不和，孩子的毛病更是难以扭转过来。这样的孩子长大后，一般就会利用电子游戏和网络来放纵自己。因为在这种虚拟世界中，他们感到自己能调动千军万马，成为世界的主宰。

当然不可否认，也有一些由祖辈带大的孩子，身体素质好，在生活照料和安全保障方面要强于其他孩子。关键是如何擅用其长，以避其短。懂得教育的老年人带孩子的确有一定的好处，有人曾经总结出隔代教育的三大优点：一是对孙辈的发育成长有利，很多"神童"就是因得到知识经验丰富的祖辈的超前引导才脱颖而出的；二是对子辈有利，子辈忙于工作，孩子由祖辈接去教养，得以解除后顾之忧，专心致志于事业；三是对祖辈有利，不仅可以减少孤寂，从孩子的成长中获得生命活力，还可以为老有所为、发挥余热提供机会。与孙辈玩耍游戏的天伦之乐对帮助老人保持健康和积极向上的心态大有裨益。

可是，在肯定隔代教育的积极方面的同时，我们也不能忽略它的消极方面。像上面讨论出现的情况那样，大多数老人基本上对孙儿们的教育采取溺爱的方式，这无疑会培养出一个自私自利、无理取闹的孩子。有时年轻爸妈在责骂犯错的孩子的时候，祖辈出于保护孩子的心理，常常会出来干预，而这样无疑给孩子人为地制造了一个"避难所"，以后每次挨骂都会跑到爷爷奶奶那里参上爸爸妈妈一本，给自己的错误开脱，长此以往，祖辈和父辈不同的教育方式容易让孩子变得"两面三刀"。另外，祖辈毕竟年事已高，一些老年人的思维方式和生活习惯也会潜移默化地影响孩子，以致让孩子养成"少年老成"的性格特征，间接剥夺了孩子玩乐的天性，越发显得孤僻和冷漠。

吴老师的家教锦囊

这里提醒年轻父母，孩子在成长过程中，父爱和母爱是旁人不可替代的。如把孩子暂时委托给祖辈，那在教育孩子方面就要不断地和祖辈沟通、协调，不能"不闻不问，不管不顾"。一天中即使花上一两个小时或一周中用上一两天的时间和孩子待在一起，也是很有作用的。帮孩子养成了好的习惯，比如做事善始善终，不弄虚作假，实事求是；待人接物彬彬有礼；拥有合理的饮食习惯和生活有规律等等，将使孩子一辈子受用，家长一辈子省心。

如果年轻父母无法避免祖辈对自己孩子的隔代教育，那就应该让隔代教育系统起来，因为"隔代教育"需要两代人合力。父母们最好尽量多向祖辈请教，多一些温和的沟通，而祖辈们最好利用各种渠道多接受新思想，学习新知识，用科学先进的教育理念来武装自己。大人们必须形成统一"战线"教育孩子。假如父母与长辈教育孩子出现了分歧和矛盾，就应该背着孩子协调，绝不把矛盾暴露在孩子面前，努力在孩子心中树立对方的威信。

有些家庭年轻一辈和长辈在教育小孩的观念上有冲突，在教育孩子时甚至会发生互相反驳和指责的现象。这样对孩子的健康教育是尤其不利的。应该先统一家庭的教育观念，然后再对孩子进行教育，这样才能收到理想的效果。家长之间教育态度和做法上的不同，会使孩子学会察言观色，见风使舵，谁对他有利他就听谁的，他还会利用大人之间教育观点和方法的不同，寻求"保护伞"，从而"渔翁得利"。

事实上，教育观念和教育方法的差异并不完全以年龄为界限，老年人的观念未必落伍，年轻人的观念未必现代。因此，两代人完全可以取长补短、相辅相成。无论是父母，还是爷爷奶奶姥姥姥爷，爱孩子的目的是一致的，但要通过正确的方式，让这种爱的结果对孩子的成长有利。

第三章

给予孩子关爱，从走出误区开始

前苏联教育家苏霍姆林斯基有这样一句话："无论您在生产岗位上的责任多么重大，无论您的工作多么复杂、多么富于创造性，您都要记住，在您家里，还有更重要、更复杂、更细致的工作在等着您，这就是教育孩子。"

在繁忙的工作生活中，身为家长的你，有没有对孩子多一点宽容与尊重，少一点苛求与刻板；多一点温暖与关心，少一点训骂与争吵呢？

工作忙是理由吗
——孩子才是家长最大的事业

快下班了,我接到一个电话,她说是初三(8)班晓岚的妈妈。我想起来了,晓岚是一个漂亮女生,其班主任同我介绍过她的一些情况,说她总是光注重穿衣打扮,没心思学习,经常是独来独往,没有什么要好的同学。我曾经找她谈过话,教导她把精力用在学习上。她态度很冷漠,说自己就喜欢标新立异,穿戴与众不同。我和其班主任都提醒过她的家长,叫他们多找孩子聊聊,对孩子多加关注,多加劝导……

没说两句,晓岚妈妈就哽咽地告诉我:"晓岚被少管所管教了,她竟然背着我们到色情场所去卖淫,这孩子怎么变成这样了?说起来我都难以启齿。"我感到很震惊,同时也有隐隐的自责。如果多找孩子几次,同她深入地谈谈,走进她的内心世界,教她懂得一些做女孩子的尊严,是不是就不会有这样的结果了?

我约晓岚妈妈见面,她眼睛红红的,见了我就说:"吴老师,你说我怎么就生了这么个倒霉孩子?我开了两家高级饭店,家里根本就不缺钱,我就想不通这死丫头为什么会去做那种事?"

"你是什么时候知道女儿出事的?"

"少管所给我打电话,通知我去一趟,我不晓得什么事情,到那以后才知道。当时真如晴天霹雳啊,真想一头撞到墙上。"

"这之前,你一点都不知道女儿的情况吗?"

"我一天到晚忙得要死,每天都要打理生意,管理饭店啊。"但紧接着她又说,"不过,我现在真的很后悔,没有听您的劝告,多与女儿聊聊,多抽出时间陪陪孩子。你们家长学校通知我来上课,我虽然听过几次课,也总是心不在焉,还都提前偷跑了出来。现在晓岚出了这种事，我这当妈妈的没尽到责任呀。唉！"她把头深深地埋下来。

"学校也有一定的责任，我们没有注意到孩子光知道穿衣打扮，实际上可能心理上已经有了细微变化。如果我们及时抓住孩子变化的苗头，有针对性地进行教育，可能就会避免这样的结果。"我也坦诚地说出了自责。

"都怪我这个当妈的呀，我现在才明白，自己犯了一个天大的错误。以前总觉得要想方设法多赚钱，要多给孩子积累一些财富才对得起她，才能让她上一所好大学，受到最好的教育。现在才醒悟了，挣那么多钱有什么用啊？晓岚才是我一生中最最重要的，她能够好好学习，做一个好孩子，这比我拥有亿万财富都重要啊。现在孩子走上了这样的邪路，我和她爸爸都有责任。"

"她爸爸平时对教育孩子持什么态度？"我关心地问。

晓岚妈妈叹了口气说："唉，别提了，她爸爸更是不管孩子了。他觉得教育女孩子应该是妈妈的责任，所以对孩子基本上是不闻不问。只是孩子要什么他给买什么，孩子要的时尚衣服、鞋子，她爸爸花多少钱都不心疼，满足她宝贝女儿的一切需要。"

我无奈地摇了摇头，我知道她现在无心听我讲更多的大道理，只是简单说了一句："是啊，孩子的变化与你们夫妻放任自流的态度密切相关，你们确实不是合格的父母。事已至此，今后可要接受教训了。现在想想办法，看看怎样让孩子认识到自己的错误，早点从管教所出来吧。需要学校配合的，我们一定尽力。"

……

家长朋友们，也许你看过央视的一则广告，那个可爱的女孩子，拿着张"三好学生"证书，要与亲爱的爸爸分享自己的喜悦，可爸爸迟迟未归，孩子一等再等，最后脸上挂着泪水进入了梦乡。小学生是这样迫切需要爸爸妈妈的关爱，中学生更是如此。

要知道，孩子进入初中，也就跨入了人生思想最活跃、生理变化最复杂、求知欲望最强烈的发展阶段。在这样的关键时期，他们有很多疑问要咨询家长，有很多苦恼要与家长诉说，也有一些小秘密要与家长分享。而且随着社会的发展变化，有一些问题是家长所不能估计到的。毒品泛滥，性成熟的年龄越来越早等各种各样的社会问题，使孩子们面临着更多的困惑与诱惑。

| 好父母　好朋友 |

　　而许多家长呢，此时正是单位里的中坚力量或精英骨干。像晓岚的父母一样，每天工作时忙忙碌碌，回到家，除了对孩子简单的问候，大多是问"作业写完了没有"之类的与学习有关的话题，很少与孩子推心置腹地交流一下思想感情，根本不了解自己亲生子女在这关键的青春期的所思所想。

　　有许多父母以工作紧、"不挣钱咋整"、"为了孩子出国挣钱"为借口，整天东奔西忙，没有与孩子认真沟通交流过，忽视了孩子的内心需求，冷落了孩子的情感。偶尔想起孩子来，感到对不住孩子，便无止境地满足孩子的物欲要求，在吃的和穿的方面无条件地满足。可是孩子情感上的缺憾谁来弥补呢？

　　工作忙是理由吗？可以说在教育子女的问题上，父母没有忙与不忙的理由，只有重要与不重要的观念认识。如果你将教育子女当做是第一重要的事情，再忙，父母也总有时间与孩子亲密沟通。再忙，父母也总有时间与孩子共享天伦之乐。

吴老师的家教锦囊

　　在这儿，我送给因忙碌而忽视子女教育的父母们一句箴言：孩子的成功是家长最大的事业！试想，如果我们每位家长都来关注自己孩子健康成长，从而成就自己最大的事业，那么，我们的家庭怎能不和美幸福，我们国家的未来怎能不兴旺发达呢？

　　前苏联教育家苏霍姆林斯基有这样一句话："无论您在生产岗位上的责任多么重大，无论您的工作多么复杂、多么富于创造性，您都要记住，在您家里，还有更重要、更复杂、更细致的工作在等着您，这就是教育孩子。"

　　我想特别强调的是，教育子女是夫妻共同的责任，丈夫应在家庭教育中投入适当的精力，做一个称职的爸爸。无论是男孩还是女孩，如果孩子的培养教育完全由母亲承担的局面不改变，肯定不利于孩子的健康成长。要知道，在家庭中，男孩子往往以父亲为榜样，逐渐学会自尊、自爱、自强，并树立起对社会和家庭的责任感。女孩子大多渴望得到父亲的疼爱，因为从父亲那里她可以得到安全感。母爱可以使人变得温柔，而父爱可以使人变得刚强、坚毅。好父亲的角色是任何人都无法替代的。父亲给孩子的时间越多，在孩子成长过程中起到的作用就越大。

父亲在孩子成长的过程中，有些话一定要说。比如让孩子从小就一点一点明白做人的原则：什么是自尊、诚信、骨气、宽厚；什么叫有爱心、讲道理、辨是非；什么是好学上进、发愤图强、靠真本事吃饭；什么叫遵纪守法、光明正大、勤俭节约、严于自律。说了这些话，父亲还应以身作则，让孩子从父亲的行为中看到这些道理。父亲给孩子的第一印象就是坚强有力，由父亲来告诉孩子这些做人的原则会更有说服力。因此，在教育孩子上，父亲的行为是最好的教材。

有一个调查，对七位非常有成就的企业家问同一个问题："假如您的一生可以重新安排，您将怎样做？"七位成功人士的答案中有一个是共同的："我愿花多些时间陪年幼的孩子成长。"

如果晓岚的父母早明白这些道理，多增加与女儿共处的时间，了解她最近学习和生活情况，更重要的是去了解她内心最真实的思想。同时教她生活经验，和她分享生活中的点点滴滴，让孩子能够适时释放自己的情绪。如果母亲开始就注意到女儿变化的迹象从而加以疏导遏制，多关心生理期的变化，与女儿一起从各种渠道的信息事例中理智分析，让孩子从中学会判断对错，让孩子懂得女性生理期的重要性，懂得女性的自尊自爱，他们的宝贝女儿能身陷泥潭而不能自拔吗？

希望这样的警钟能够长鸣在那些只顾做生意、只埋头工作的家长的心里。

很多父母都在努力追求自己的事业，他们认为这样才能给孩子带来幸福，但他们却往往忽视了孩子当下的幸福。不要忘记，构筑一个幸福的家庭，培养一个好的孩子也是你事业的一部分。不论今生今世获得什么样的地位、荣誉和财富，培养不好孩子，你的人生也是残缺的、失败的人生。

不埋怨、不抱怨
——切忌对孩子的错误雪上加霜

这次初二年级家长会，我们采取孩子与家长互动的形式，请学生作为小记者，去采访别的同学的父母。

记者一：叔叔，当您的孩子把垃圾扔到楼道里了，您会不会这样说："叫你不要到处乱扔垃圾，你长耳朵没有？"

家长一：不会的，我会说："孩子，要是每个人都像你这么把垃圾到处扔，那我们生活的地方该会多么脏啊！"

记者一：那您真是一位好家长，懂得批评的艺术呢。您的孩子出现错误后，您总是这样循循善诱吗？

家长一：我要看看是哪类错误了，如果是因为马虎大意出现的错误，我就会叫他今后多注意，不犯类似的错误；如果是思想品质上的错误，我会严厉批评他的。我觉得做家长的不能总是指责孩子，应该让他们知道自己做错事的原因或后果。

记者二：请问阿姨，如果班主任反映您的孩子在学校出现了过错，比如，没有认真完成作业，通常您是如何处理的？

家长二：那还用说吗？我会狠狠地批评他一顿的。我是最害怕老师给我打电话了，我就知道，老师一打电话，总是他又犯什么毛病了。他爸爸有时气急了，还要狠揍他一顿呢。

记者二：那你们这样对待孩子的错误，是不是太急躁了？

家长二：没办法，他犯了错误，我就得要管他呀。

记者三：请问家长，当您的孩子无意中把自己的学习机弄坏了，您会怎么做？

家长三：我会安慰他的。因为本来孩子做错事，又不是故意的，他已经自己心里很难受、很自责了，如果我再火上浇油，孩子岂不是更难受？而且我再怎么吵也于事无补，东西已经坏了。我会叫他今后多加注意，保护好自己的用品，并叫他去修理部去修修，实在修不好了，再买一个。学习机虽然不算便宜，但比起孩子的情绪来，不算什么，不能让这样的小事，破坏孩子的情绪。

记者三：我们做孩子的，真的很希望多一些像您这样善解人意的家长呢。

家长三：是啊，家长也是从孩子过来的，应该对孩子有所体谅、有所原谅。

……

我接触过的许多家长，面对孩子的错误，只顾一味地批评，不知道该选用哪一种更恰当有效的批评教育方法，其结果当然也不能尽如人意。

有些家长对孩子所犯的错误大发雷霆，一听到老师反映孩子有问题，那孩子回家可就有罪受了；也有些家长对孩子犯的错误是漠不关心，只会说："我都没有办法教育了。"这种对孩子所犯的错误太紧太松都是问题，太紧让孩子处于高度的精神压力下，整日提心吊胆地提醒自己不能犯错；太松却又助长他们经常犯错，得不到正确的引导。

对孩子过分的或者不问缘由的指责，会使孩子畏畏缩缩，产生逆反心理，甚至形成乖僻的性情。想想，犯了错的孩子，他内心里本来就很害怕，担心挨骂、挨打，有时可能不是他故意的，想对父母解释，而父母不分青红皂白，一顿数落，这样他在对父母产生恐惧感的同时，还会感到失望，觉得父母并不理解和宽容自己。久而久之，孩子和父母只会越来越疏远。

父母的责任就是在孩子犯错误时，及时给予提醒，制止他们的这种行为，引导孩子认识错误、改正错误。做到这一点的前提是家长自己首先要冷静。所以不论有多生气，都必须压住怒火，先弄明白整件事的经过，了解孩子是犯了什么错，为什么会犯错，错到了什么程度，然后再心平气和地告诉孩子他怎么不对，应该怎样改正。

有这么一则故事：相传古代有位老禅师，一晚在禅院里散步，突见墙角边有一张椅子,他一看便知有位弟子违犯寺规越墙出去溜达了。老禅师也不声张,走到墙边,移开椅子,就地而蹲。少顷,果真有一小和尚翻墙,黑暗中踩着老禅师的背就跳进了院子。当他双脚着地时,才发现不是椅子,而是自己的师父。小和尚顿时惊慌失措,张口结舌。但出乎小和尚意料的是,师父并没有厉声责备他,只是以平静的语调说:"夜深天凉,快去多穿一件衣服。"

可想而知,犯了错误的弟子,在老师父的关心下,会受到怎样的无声教育,这种宽容教育比惩罚教育更胜一筹。圣人都会有错误,何况是天真无邪,心智、思想都不成熟的孩子呢?

雨果说:"比大海更宽广的是天空,比天空更宽广的是人的心灵。"对成人而言,宽容是一种境界,是一种艺术,更是一种智慧。我们希望家长在繁忙的工作生活中多注意与孩子交流,对孩子多一点宽容与尊重,少一点苛求与刻板;多一点温暖与关心,少一点训骂与争吵。

吴老师的家教锦囊

咱们首先来探讨一下,犯错误对于孩子意味着什么?意味着失败吗?不是的,恰恰相反,犯错误是孩子成长的需要,是成长中的必然现象。孩子要成长,就要逐步扩展自己的身体、心理、情感、能力、知识等方面的延伸领域,就要不断地探索;而这一过程对孩子来说是全新的领域,他要用自己熟知的方法、方式去解决问题,那就不可避免地会触及无知、危险、暴力等有违成人和社会准则的行为和思想。

如果家长一味地打击孩子,增加孩子的负面标签,孩子就会减少提升自我、探索新知的机会。久而久之,孩子就会安分守己地做个所谓听话的孩子,没有自己的思想,自己的行动,自己的兴趣,如同木偶一样,逐渐丧失生活的乐趣,也就难以实现父母们所谓的望子成龙、望女成凤的美好愿望了。所以,面对孩子成长中出现的问题,家长首先应当摆正心态:这是件好事,它暴露了孩子成长中所欠缺的,又抓住了一个可以和孩子共同提高的机会。

在这里,我向各位家长推荐"四个一"教子法,或许对你有所启迪和帮助。

1. 缓一缓。看到孩子犯错误,家长在气头上批评孩子,难免会言语和行动过激。此时,最好先尝试着让自己放松,心平气和后再选择适当的方式教育孩子。

先处理心情再处理事情。心情好时，孩子的大错化小，小错化了；情绪糟时，孩子的小错放大。同样的事情，由于家长的情绪不同会得到两种截然不同的结局，令孩子手足无措，缺乏判断是非的能力。因此，应该利用散步、倾诉、看书、听音乐等方式先调整好自己的心态，再来解决孩子出现的问题。

2. 选一选。选择合适的时间、地点和场合批评孩子，才能达到预期的教育目的。在融洽的氛围中，孩子能够轻松愉快地接受批评，并认真思考、改正。要注意保护孩子的自尊，顾及孩子的情绪和心理承受力，否则会更容易激怒孩子。

3. 冷一冷。在孩子犯错不会造成即时危害时，可以暂时不急于去纠正，家长可以"听而不闻"、"视而不见"，采取"冷处理"的方式。这样还能使孩子感受到无声的惩罚，并有足够的时间来反省自己的过失。那位聪明的老禅师，不正是使用的这一教育方式吗？

4. 乐一乐。用幽默作为批评的手段，能清除孩子的逆反心理，使其在笑声中受到教育。诙谐的语言，调侃的态度，达到了巧妙批评的效果，有利于孩子愉快地接受批评。对孩子少一点苛责，多一点宽容；少一点怒火，多一点幽默，同样可以顺利达到教育的目的。

龙应台有一本畅销书，叫《孩子你慢慢来》。其中告诫我们：孩子是不会真正输在起跑线上的；输掉的，只能是家长的耐心、信心和平常心。

让我们每一位家长在孩子犯了一些小错误的时候，能以宽容之心对待，尽量做到不埋怨孩子，而是用更有说服力的语言积极开导他们。更不要抱怨孩子，孩子在成长中犯些小错误，这是在所难免的。

最后，引用《学习的革命》一书中的话送给家长朋友们："如果一个孩子生活在鼓励中，他就学会了自信；如果一个孩子生活在认可中，他就学会了自爱。"

无意识"冷暴力"

——最可怕的杀手是父母的冷漠

下午第三节课是心理咨询时间，一位电话预约的女孩如期而至。她自我介绍说是高三（6）班的小瑾，这是一个皮肤白皙、身材高挑的女生。一落座，她不好意思地说："吴老师，我本来不想来这里找您，可内心实在是有说不出的苦痛，而且现在常常噩梦连连，严重影响了自己的学习成绩。"接着，她断断续续地向我诉说了自己的经历。

小瑾读高一那年，成绩很优秀，被班上的一个男孩子看上了，对她穷追不舍，小瑾渐渐地陷进了感情的旋涡。可与他接触了一段时间后，发现他毛病很多，便不想跟他继续交往了。男孩于是就对她恶语中伤，到处造谣说她是个轻狂女孩，不懂得自爱，闹得全班沸沸扬扬，同学们议论纷纷。那段时间里，小瑾始终包围在是是非非里，有苦无处诉说，越来越孤独无助。

高二以后，小瑾的学习大不如从前。现在到了高三，她自己很想摆脱这种思想上的纠缠，专心学习，参加高考。

最后，小瑾抽泣着说："我现在终于下定决心，向您和盘托出，就是想摆脱这种困境。吴老师，您能保护我吗？我的这些经历，只敢对您一个人讲，现在说出来了，我感觉心里舒服多了。"

我问她："你没有对父母，尤其是没有对妈妈讲过自己的这些苦恼吗？"

她摇摇头："没有。有一天，我刚与他们说到有一个男生好像很愿意和我接近，就被他们劈头盖脸臭骂了一顿，说我小小年纪思想复杂，不想学习光想没用的。以后，我再也不敢开口了。吴老师，您相信吗？听到同学们的议论，看到同学们异样的眼神，我真的觉得自己很无助，好几次都想到了自杀。"

听到这里,我心里暗自一惊,但不动声色地问:"你觉得为这样的事情牺牲自己,值得吗?"女孩低下了头。

"这些事,我都不知道找谁倾诉,天天都想发泄,大哭一场,可是怕影响别人,所以就全部憋在心里,很难受。"

我们又探讨了应该怎样对待学习、恋爱、生命等话题。听了我的分析劝说,小瑾表示,不再被这些烦心事所困扰,要一心一意备战高考,实现自己做一名优秀大学生的梦想。最后她一身轻松地离开了。

第二天,家长学校课堂上课前,我亲自打电话要小瑾的父母同来,我问他们:"你们的女儿现在读高三了,学习压力一定很大,思想高度紧张,你们问没问过,孩子上高中以后过得愉快不愉快?你们了解过她经常都在想些什么吗?"

小瑾妈妈理直气壮地说:"我们每天给她做有营养的饭菜,家务活儿一点也不让她干,可这孩子成天愁眉苦脸的,也不知道她都胡思乱想些什么?"

我告诉他们:"你们太糊涂了!孩子需要的不仅仅是物质上无微不至的关心,他们更想叫家长走进自己的心灵。孩子多想有一个倾诉对象啊。看到孩子不开心,你们怎么不问一句'为什么'呢?心灵的孤寂,导致孩子好几次想自杀,你们知道她的这个想法吗?说得严重点,你们的这种冷暴力,会把孩子逼上绝路的!"

"什么?暴力?看老师你这话说的!我们从来没动过孩子一个手指头啊!"小瑾的父亲惊讶地说。

"请你们想一想,孩子有心里话不敢对自己最亲爱的爸爸妈妈诉说,每天要自己默默地忍受着心灵上的煎熬,而你们却漠视孩子的苦恼与烦闷,这不是比打她一顿还让她痛苦吗?"

一番苦口婆心之后,两位家长面带羞愧地起身告辞,并表示,回去后要找孩子心平气和地长谈,要真诚地向女儿道歉,为自己的冷漠,为自己不懂女儿的心。

我们姑且不论小瑾高中期间谈恋爱的是与非,单来看看这两位糊涂的家长吧。一个十几岁的女孩子,当感情出现了危机,当周围的同学不理解的时候,按说只有最可亲近的父母能够帮助她、劝导她,可偏偏父母什么都不知道。他们不仅无知,而且冷漠。他们以为,对孩子生活上的照顾已经很周到了,殊不知,他们忽视了孩子的情绪情感的培养与变化。这种漠视孩子心灵的行为，正是严重的家庭冷暴力。

父母对孩子的"冷暴力"表现为冷淡、轻视、放任、疏远和漠不关心，最明显的特征就是漠不关心孩子的感受。语言交流降到最低限度，致使孩子精神上和心理上受到侵犯和伤害。"冷暴力"已经成为危害现代家庭关系的重要"杀手"，而这种消极应对方式常采取"三不政策"：不说话，不理睬，不关心。即便说话，也经常是嘲笑，语言折磨。

这种精神上的折磨和摧残，远比肉体上的伤害更大！长期下去，孩子会变得过于敏感、不自信或刻意曲迎他人；也有的孩子学会了父母的冷暴力方式，变得很冷漠，没有一般孩子的喜怒哀乐，对他人也是漠不关心……

心理学研究表明，倾诉法是近年来医学心理比较提倡的一种治疗心理失衡的方法。当孩子有烦恼后，如果把焦虑的情绪封闭在心里，会凝聚成一种失控力，它可能摧毁肌体的正常机能，导致体内毒素滋生。适度倾诉可以将失控力随着语言的倾诉逐步转化出去。如果倾诉对象具有较高的学识修养和实践经验，将会对失衡者的心理给以适当抚慰，令其鼓起奋进的勇气，受挫人会在一番倾谈之后收到意想不到的效果。所以要求父母能够成为孩子的第一倾诉对象。

吴老师的家教锦囊

我们做家长的一定要学会倾听。平时，我们总是希望孩子认真听我们说的一切，总是忽视孩子的心声。其实，每个人都希望自己最亲近的人能够认真听自己说的话，孩子在成长过程中的这种需求是最急迫的。此时，家长千万不要认为一个小孩子说的话能有什么道理，听不听都无所谓。告诉你吧，当孩子想向你倾诉时你不听，等到有一天你想知道他内心所想时，他已经不再信任你，你也无法再那么容易打开他的心扉了。

我们做家长的有时还抱怨孩子宁可愿意向不懂事、不可能给他提供有效建议的同学倾吐也不愿向家长表达。这可不能怨孩子，可能在孩子希望我们倾听的时候，我们曾对他说，没空！就是由于我们没有重视他们内心世界，他们才渐渐把信任交给了朋友，甚至有些孩子在朋友的带领下结交了社会青年。当我们发现孩子离我们越来越远的时候，我们的教育也就变得毫无作用了，剩下的只是孩子与家长的隔阂。

当然，倾听孩子的心声，是建立在对孩子的尊重和理解基础之上的，这是在孩子处于中学阶段，父母所能给予他们的最好礼物，也是送给孩子的一种最为轻松的爱。有了这种爱，孩子们便会感到被爱者的轻松与幸福。进而，他们才会有一个良好的发展空间与氛围，他们的潜能才会得到良好的挖掘与培养。

　　优秀的父母在这些方面大都做得比较好，我向家长们推荐与孩子建立良好沟通关系的三个步骤：第一个步骤是倾听，就是让孩子把话说出来，并且听懂孩子话里的真实意思。第二个步骤是理解，就是站在孩子的角度想想是不是有道理，如果有道理，要给予充分的理解与支持；如果的确是没有道理，家长要耐心用自己的经验和学识，给孩子一个正确的引导。第三个步骤是建议，即使有时父母说得有道理，孩子可能由于暂时的逆反心理，并不一定就能采取正确的行动，因此父母这时应该宽容，告诉孩子，这仅仅是自己的一个好的建议，叫孩子参考而行。

　　那些还在向孩子滥施"冷暴力"的家长，请向你们的宝贝孩子释放一下你们的热情吧！当孩子泪流满面地向你们倾诉时，也许你们的一个轻轻的搂抱，就能消除孩子的寂寞感，父母的臂弯是孩子疗伤的栖息地；当孩子灰心丧气地向你们诉苦时，也许你们的一句安慰，就能让孩子脸上重现久违的笑容，父母的话语是孩子驱寒的暖阳。

　　这才是真正的理解和关爱！

哎哟我的"唠叨妈"
——有些话不必过多重复

初一（3）班的语文老师交给我一篇周记《哎哟我的"唠叨妈"》，这是他们班小强写的：

我有一个爱唠叨的妈妈，有的时候，我都感觉我妈妈像苍蝇一样，成天在我耳边嗡嗡，烦死了！我把这一天所受的罪记录一下吧！

早上，当我还在梦乡里的时候，妈妈的"唠叨"就开始工作了："起来了，起来了！都几点了，还睡懒觉啊？谁让你昨天晚上不早睡啊，看看，不想起来了吧？"她边唠叨边用手拍着我的屁股。

我睡眼惺忪地问："干什么？这么大声！人家还要睡觉呢！"

"睡什么睡，再睡就快迟到了！看看都几点了！"妈妈唠叨着指了指墙上的石英钟。我一看，啊——七点三十四分零八秒。不得不从床上爬起来！

在我洗脸刷牙的时候，妈妈的唠叨又在耳边响起了："动作快点，别磨磨蹭蹭的。这些事必须在五分钟内完成！"

接着，我一边吃着牛奶面包，一边就听着妈妈"吃饭要快一点"的唠叨。

总算该出家门了，妈妈又在门口唠叨开了："文具盒、书本带齐了没有？校服穿好了没有？哎呀，瞧你的衣领，也不翻好！路上要小心点，一定要走便道……"妈妈站在门口一直唠叨着直到我的脚步声消失。我"哦、哦"地应着，就想着赶快逃离现场。没想到等我走出几十步远，妈妈的声音又从后面飞了过来。原来她从窗台上探出了脑袋，一边挥手一边唠叨着："小强——在学校要听老师的话，上课注意听讲，学得开心哦——"

中午放学回家，一进厨房，妈妈新一轮的唠叨又开始了："上午在学校都上了什么课啊？遵守纪律了没有？老师表扬你了没有？被老师批评了没有？批评了几次？上课举手发言了吗？我就告诉你嘛，会的内容一定要举手！先歇一会吧，妈妈马上就把饭做好了！"

不一会儿，妈妈把饭菜做好了，传令我吃饭呢！我"嗷——"的一声就像饿狼一样朝餐厅扑去，正要拣起桌上的菜往嘴里塞，妈妈一指头敲在我的手背上："哎呀！瞧你的手，好脏！还不快去洗掉！你说，我说过你多少遍了，要记住饭前要洗手，要记住饭前要洗手，你这孩子怎么就不长记性呀！"我一看自己的手，真的很脏，忘了洗手啊，忙不好意思地去了洗手间。"要打两遍洗手液啊！"妈妈不失时机地喊道。

我饭吃得慢，妈妈的唠叨准会适时出现："快吃，饭菜都凉了，那样吃了肚子会痛。谁吃最慢谁最后收拾桌子洗碗。"老天爷呀！我的命真是好苦啊！

下午放学回家，我知道不快点写作业，妈妈又得唠叨起来，于是不等她开口，我就赶紧乖乖地做起了作业，想不到她还是有唠叨的机会。"身体坐端正，脚不要动来动去！写字要工整，不要写错字！"唉，我都上初一了，还对我说这些话，简直是把我当成小学生对待了。

"哎呀，知道了！别烦了——"我终于抗议了，妈妈暂时闭了一下嘴。在我写完作业，收拾书包的时候，妈妈新一轮的唠叨又开启了……

爱唠叨，我想这是许多做妈妈的通病。所以，在一次家长座谈会上，我给妈妈们念了这篇有感而发的周记，虽然有点幽默夸张的成分，但也反映了一定的事实，还是让各位妈妈听了以后也反省反省自己吧。

接着我讲了个小故事：美国著名幽默作家马克·吐温有一次在教堂听牧师演讲。最初，他觉得牧师讲得很好，使人感动，准备捐款。过了10分钟，牧师还没有讲完，他有些不耐烦了，决定只捐一些零钱。又过了10分钟，牧师还没有讲完，于是他决定，1分钱也不捐。到牧师终于结束了冗长的演讲，开始募捐时，马克·吐温由于气愤，不仅未捐钱，还从盘子里偷了2元钱。

知道这个故事说明一个什么道理吗？这就是"超限效应"。说的是由于刺激过多、过强和作用时间过久而引起心理极不耐烦或反抗的心理现象。

其实，"超限效应"在家庭教育中时常发生。比如，当孩子不用心而没考好时，父母会一次、两次、三次，甚至四次、五次重复对一件事做同样的批评，使孩子从内疚不安到不耐烦最后反感讨厌。被"逼急"了，就会出现"我偏要这样"的反抗心理和行为。

因为孩子一旦受到批评，总需要一段时间才能恢复心理平衡，受到重复批评时，他心里会嘀咕："怎么老这样对我？"孩子挨批评的心情就无法复归平静，反抗心理就高亢起来。可见，家长对孩子的批评不能超过限度，应对孩子"犯一次错，只批评一次"。如果非要再次批评，那也不应简单地重复，要换个角度，换种说法。这样，孩子才不会觉得同样的错误被"揪住不放"，厌烦心理、逆反心理也会随之减低。

有的妈妈说了，我唠叨孩子，还不是为他好，关心他呀。其实接受关怀有两个心理前提：第一，每个个体都希望自己被当做一个健全的、完整的人对待。你那居高临下的唠叨，是关心孩子吗？第二，孩子都希望自己最好可以做出选择。因此，在你向孩子提供关怀的同时，也要提供给他一份什么时候接受、怎么接受、接受到什么程度的选择的自由。否则过度关怀就等于伤害，就使得关怀变得毫无意义了。

妈妈们还要知道，唠叨对青少年会产生不利的影响，主要表现在以下几个方面。

唠叨易引起孩子的逆反心理：对孩子的缺点错误或学习问题，若只正面的讲一遍孩子会产生内疚感；而多次指责、批评则会使孩子不耐烦，最后是反感、讨厌、逆反，甚至产生非暴力和暴力倾向，从而影响学业。

唠叨易引起亲子关系相疏：之所以唠叨，是不了解或不理解孩子造成的。最终结果是亲子关系疏远或破裂甚至产生悲剧。

唠叨影响家长在孩子心目中的形象：当孩子反复出现错误或忘记做某件事情时，妈妈就会唠叨没完甚至发火。本来孩子想改过，但由于不良情绪的产生不仅不改，反而感觉父母很讨厌甚至憎恨。

我们再来看看，妈妈们唠叨的原因吧：妈妈和孩子相处的时间多，对孩子的了解更细致，对孩子有太多的担心。总认为孩子的好习惯很难养成。而坏习惯却不教自通，只有不停地唠叨方可有效。而孩子正处在青春期，逆反心理正强，易和妈妈产生对抗。由于生理和心理发育的不协调性很容易出错，从而引起妈妈的唠叨。

唠叨有这两种类型，妈妈们不妨自我对照一下：一种是出于关心的呵护式唠叨。这是一种无意识的爱孩子的本能。她认为这是对孩子好，为孩子着想。孩子还小，自控力差，做事常常顾此失彼，丢三落四，所以需要大人不断提醒。唠叨的结果是：孩子产生了依赖心理——反正有人提醒我。因而变得懒惰、散漫、没有责任感。这样培养孩子独立生活能力就成了一句空话。

还有一种是出于催促的命令式唠叨。有的孩子性格活泼，顽皮贪玩，在父母眼里看来是不听话、不自觉、不好管教的孩子。父母认为他需要人催促，像皮球一样，踢一下才动一下。这样催促过多过量，孩子就算听从你的话了，也会在内心对你产生抵触或怨恨情绪，疏远了亲子关系。

吴老师的家教锦囊

在这里给那些爱唠叨的妈妈一些解决唠叨的策略：学会尊重孩子，正确把握孩子的心理状态。学会运用艺术性的语言，将唠叨变为提醒，和孩子共同制定奖罚制度。

这里告诉妈妈们一个妙计，不妨试一试。可以换种方式教育孩子，把对孩子的叮嘱与期望包括表扬批评等内容写成纸条！

妈妈们学着每天给孩子写一些不同内容的小纸条，哪怕只是三言两语。把这些小纸条有时放在孩子的铅笔盒里，有时又悄悄放在孩子的玩具箱里，甚至冰箱门上、镜子上、枕头上，只要是孩子能看到、能找到的地方都可以。当孩子意外地发现这些小纸条的时候能带给他一份惊喜，也让他能够真实地触摸到父母对他的关注和爱心。

这样做，首先抓住了孩子好奇心强的特点，当他发现了一张小纸条的时候，他一定会迫切地想知道那上面到底写了些什么。这样对家长的提醒就比较容易集中注意力，也会留下比较深的印象。

因为文字和语言有着不同的特点，语言稍纵即逝，有时候说好几遍也不一定留下多少印象，容易这个耳朵进，那个耳朵出。而文字则克服了这个弱点，只要不把它毁掉，那么无论什么时候都可以拿出来看看，而且每看一次，感觉都在重温一遍，印象自然比较深刻，就省去了妈妈的反复唠叨。

这时的内容起码应该是有理有节，循循善诱，这与暴风骤雨式的训骂与呵斥相比，不仅考虑到了孩子的自尊心，也更容易被孩子所接受。

由此看来，写给孩子的纸条虽小，但它的作用却不一定小，有兴趣的家长不妨试一试，也许它会给你带来意想不到的效果。

爱孩子的妈妈们，在孩子面前，适当地闭一闭你那好唠叨的嘴巴吧！

| 好父母　好朋友 |

爸爸拳脚下的逆反

——棒打未必出孝子

"吴老师，您找小易和他爸爸谈谈好吗？今天小易偷了同学的钱，我打电话请小易爸爸来学校一趟。他爸爸一进办公室的门，见到孩子站在那里，不问缘由，上去就是一顿劈头盖脸地扇打，在场的老师拦都拦不住，弄得我们非常尴尬。小易经常被他爸爸暴打，您先劝劝他爸爸，开导一下他好吗？回头我们再处理今天的事情。"初二（4）班班主任带着小易爸爸来找我。

看到怒气未消的小易爸爸，我请他先坐下来，并递过一杯水说："老师叫你来是想让你了解一下孩子的情况，配合着教育孩子，你还没问清什么事情呢，就打孩子，这妥当吗？"

"这不争气的小子，我一看见他就冒火！我前两天刚教训了他。"

"孩子怎么了？"

"那天，他回家比平时晚了，我问他为什么这么晚才回来，他说老师安排他给同学补课，我就不相信，我就给老师打电话。一问，根本不是那么回事，我一顿臭打，他才承认，说是几个要好的同学非要约他去网吧玩游戏，你说我能不收拾他吗？"

"孩子有错，不能好好说吗？非要打吗？"

"我都给他规定过，不准进网吧，不准跟不三不四的人在一起，不准和女同学亲近，不准在放学路上玩，一旦违反，回家没好果子吃。这小子竟敢违抗我的命令，我能不揍他吗？"

我给小易爸爸讲了总是暴打孩子的危害性：久遭打骂的孩子不仅会表现得越来越犟，而且还会表现出好说谎、具有攻击性等不良行为。由于这些孩子内心觉

56

得在家庭内得不到温暖，因此遇到挫折就会离家出走，甚至被坏人利用，走上犯罪的道路。并告诉他，这不是危言耸听，回去好好反思自己。再者说了，不能总是对孩子拳打脚踢啊，那样，以后孩子回忆起来自己的爸爸，只有痛苦的挨打记忆，只有满腔的仇恨。

后来，我找小易交谈，孩子声泪俱下、滔滔不绝地诉苦说：

从上幼儿园开始，我妈我爸就给我报了好几个特长班，必须去学，不去不行，去了学不好也不行，不听话，一个字：打。他们说不打不成才，可是我根本就不想成才！

后来上学了，除了学习，我妈禁止我的一切活动，很少让我玩，只要我离开书一会儿，我妈就会骂。我妈从来不给我解释的机会。

我妈我爸，他俩也不断地打骂，要不就是坐在电视机前，一看就是三四个小时，却把我反锁在另一间屋子里，让我用心做功课，刻苦读书。您说我能学习下去吗？

上初中了，除了必须的学习用品外，什么都不给我买。我们班同学几乎每人都有MP3、MP4，我就知道我妈我爸不会给我买，就没敢给他们要。那天，我们班小伟把MP3借给我听，不小心被我爸看到了，一把抢过去就给摔了，还扇了我一巴掌。

说实在的，我现在真是烦透他们了，也有点恨他们。他们不让我打游戏，我就偏要去网吧，不仅打游戏，还上网聊天。那天，我找网友诉说自己的怨恨。网友告诉我要反抗，不能做羔羊。我觉得他说得很有道理。就下决心照网友说的去做，从那以后，我再挨打时，就反抗。不过，越是反抗，我爸就打得越厉害。我拿同学的钱，就是想去上网呢。我最怕老师叫家长了，一叫，回家准得又挨打。这不，还没回家呢，就已经挨打了。我真不想回这个家了！

我又耐心地对小易劝导了一番……

这是一个典型的暴躁型家庭，在这样的家庭里，我们可以想象，从早到晚弥漫着"火药味"。埋怨、责骂、争吵、打架的声音此起彼伏。我们想想，像小易这样，在这种气氛中长大的孩子，能不暴躁吗？这样的孩子，如不加强正确引导教育，极有可能走上邪路。

"打孩子是为孩子好"——相信许多爸爸妈妈的出发点是这样，但结果却往

57

往事与愿违。古训所说,"黄金棍下出好人",从今天的教育实例来看,只能说并非如此。

有些父母平时忙于自己的事业,很少花时间陪孩子,也不去关心孩子的情感需求,可是一旦知道孩子做错了事情或考试考砸了,立马就是打骂指责。父母认为这样就是在关心孩子,殊不知这样的教育方式只会让孩子与父母之间的隔阂越来越大,父母想要达到自己的教育目的,将会越来越难。

经常挨打的孩子会出现什么状况呢?

1. 身体不适。孩子的神经系统非常脆弱,粗暴的态度及打骂恐吓,会使他精神高度紧张、恐惧,甚至引发心理障碍。有些孩子还会因为精神刺激而表现出躯体不适。如突然发热、感冒及原因不明的呕吐、腹痛、食欲不振、消化不良等。

2. 自暴自弃。经常遭遇责骂或挨打,孩子会开始否定自己,觉得自己低于别人,并产生自卑、自暴自弃心理,甚至表现出遇事冷漠,行事胆怯。本来是一件能够做好的事情,但由于对自己缺乏自信,于是,便干脆不做或故意去搞破坏。

3. 逆反心理。一些"犟"孩子,像小易,父母让他干什么,他偏不干,即使挨打也不屈服,这种"犟"其实是对父母的一种反抗。当他不认可父母对自己的惩罚时就会不服,这种因不服而产生的反抗,便会以"犟"的形式表现出来。

4. 暴力性。孩子挨了打,在潜意识里会把打架当做是解决问题的方法,当与别人产生冲突时,就会模仿大人用"打"的方式去对待别人。有些孩子会在挨父母打骂时出现不平衡心理,这种心理会让他把不满转移到其他同学身上——父母打他,他就打其他人。父母在他身上表现得越粗暴,他对别人也就越粗暴。如果家长采用极端化的管教方式,也容易导致子女的逆反心理。可以说,家长的暴力行为无意中为孩子提供了一个学习的榜样,一旦有机会,他就会把这种冲动行为发泄到其他人身上。

5. 说谎行为。经常挨打的孩子,做错事时就会为了逃避挨打而掩饰事实,编造假话,尽量找借口来帮自己摆脱挨打。久而久之,孩子就不会对父母说实话,养成说谎话、不诚实的恶习。

6. 仇恨心理。不难发现,孩子一般都不会与经常打骂自己的父母接近。孩子在承受暴力的过程中,其幼小的心灵已经形成"爸爸妈妈是坏人"的思维模式。这将导致孩子不仅在感情上与父母疏远,还可能产生仇恨心理。

7. 胆小。被父亲的棍棒管"乖"的孩子大多胆小、懦弱、敏感。如，看到别的孩子挨打也会害怕，听见父亲叫他的名字就显得精神呆滞，心跳加快等。

行为医学专家们通过调查发现，这样的孩子长大后其婚姻和家庭生活不和谐者较多，他们也不能很好地养育自己的子女，甚至完全忽视了自己的下一代。如此恶性循环，将会造成不可忽视的家庭和社会问题。

吴老师的家教锦囊

容易发火的父母们，下边的建议您不妨参考一下：

1. 作为父母，如果总是和孩子硬碰硬，必然会使你们的关系恶化。所以，面对孩子的反叛行为时，家长要学会冷静，压住心中的"怒火"。父母应该坦诚地与孩子沟通，交换看法，并学会采纳孩子的意见，加以开导。心里要想着：孩子出现了叛逆行为是很正常的事，只要尊重孩子，耐心地去教育他，孩子就不会继续叛逆下去了。用不着去发那么大的火，生那么大的气，甚至于去体罚他。想想当年的自己，不也是这样有时淘气吗？如此一想，就会心平气和了。

2. 做父母的不能跟孩子一般见识。要知道，孩子的脾气来得快，去得也快。如果父母采用幽默的方法主动缓和一下气氛，给孩子留有一个下台阶的机会和思考的余地。孩子会想：我这样顶撞父母究竟对吗？当他感到歉疚时，往往会很快平和下来。比如，当孩子发脾气时，父亲对孩子说："哈哈，火气还真不小呀。"一笑了之，这样说既不失父亲的面子，还不伤害孩子的自尊心，又把气氛缓和下来了。

3. 面对孩子的顶撞，有时候可以采取"冷处理"、"不处理"的办法。对于孩子的顶撞暂时"不予理睬"，这种回避的态度让孩子有时间思考自己的所作所为。等孩子的情绪平静后再心平气和地与他交换意见，这样更容易让孩子接受父母的教育。在谈话中，父母应该对孩子的反叛和顶撞表示理解，但必须讲明不该发脾气的道理。同时，做父母的也应该反省自己是否也有不恰当的地方。

4. 行为学专家研究发现：一见孩子犯错误就大发雷霆，大声训斥，甚至打骂，这样重复下去，孩子对训斥的适应能力就会逐渐提高。天长日久，孩子就会对一般的训斥持无所谓的态度。许多父母这时候不是反思自己的教育方法不当，而是对越来越犟的孩子采取更严厉的训斥，这样就形成了恶性循环。

退一步说,有的孩子做错事,到了非打不可的地步。那应该怎样做呢?有一位教育家讲过,当孩子犯了错,他受到管教和惩罚是应该的。但在管教之前,一定要让他清楚地知道自己为什么而挨打,不是因为父母生气,而是因为他犯了错。管教之后,还要表示对孩子的爱并不因此而改变。正所谓"打一巴掌揉三揉"吧。这样,孩子也不会因为一时一事的出错,挨过打以后怨恨家长,形成逆反心理。

"棒打出孝子"的古训该改一改了。"教养得法出孝子",爱动怒的家长朋友们,是改变观念的时候了!

请家长们照照镜子
——好话一句三冬暖，恶言半句六月寒

家长爱孩子的心都一样，为什么有的家长不能跟自己的孩子和谐相处、情同知己，反而与他们水火不容、形同陌路呢？原因之一是，有些家长在与孩子接触交谈的时候，不注意说话的内容和方式，经常会在不经意之间就伤害了孩子的自尊心或伤害了他们的感情。

我们曾对全校学生进行过一次问卷调查：家长说的哪些话对你伤害最大？结果以下话语排列前十：

1. 你怎么就不能像人家某某那样呢？
2. 说你多少次了还不改？简直是个废物。
3. 你可真行，竟能做出这种事情！
4. 住嘴！你怎么就是不听话呢？
5. 我说不行就是不行！
6. 我再也不管你了，随你的便好了。
7. 求求你别再这样做好吗？
8. 你若考了第几名，我就给你买……
9. 你不能为父母争光，真让我伤心透了。
10. 这次考试，你必须进×××名。

请家长们对照一下，哪些话是你常对孩子说的，是不是有的话已经成了你的习惯用语。那么，请试着改变一下吧！为什么你总觉得自己与孩子格格不入？孩子上中学了，不再是对你仰视的小学生了。面对进入青春期的孩子，父母要有心

理准备，与其临渴掘井，不如未雨绸缪。

不要一味埋怨孩子叛逆，你了解了孩子青春期特点，就该知道孩子叛逆的原因，对症下药。在家里，不要以为自己的孩子，随便怎么说都行。懂得教育的父母非常注意与孩子的沟通交流，尤其需要注意表达方式。否则，你的良好愿望，你的苦口婆心在孩子心里就成了深深的桎梏，随之而来的便是逆反或叛逆的行为。

俗话说："好话一句三冬暖，恶言半句六月寒。"对大人来说是如此，对孩子来说更是这样。也许你不经意的一句话会伤害自己的孩子，也许你的一句恶语，会在孩子心里留下阴影，使他们一辈子都挥之不去。

孩子的心灵是脆弱的，他们希望得到支持和理解，每一句鼓励的话语，都会使孩子信心百倍。但是一句粗暴的呵斥，足可以使他们的自尊受到极大的伤害。家长们千万注意，轻易地否定自己的孩子，对他们的能力表示怀疑，这些都是非常可怕的。"傻、呆、笨、坏"，在孩子的心中是最严厉的判决，无情地将他们变成了一个家庭或学校的"另类"。

一位心理学家说过："孩子在出生一年内就能够体会和理解情感上的概念，通常情况下，比我们认为的时间要早得多，理解得也多得多。"刚出生的孩子尚且如此，何况是思想逐渐成熟的中学生呢？

都说家庭是孩子的第一课堂，父母是孩子的第一任老师，可以说，想做一个称职父母，首先要备好的第一课就是学会对孩子说话。学会对孩子说话，才能减少与孩子沟通交流的障碍，才能真正理解孩子的内心世界，才能在很多问题上与孩子达成共识；否则，父母与孩子之间必将产生深深的代沟。

无论是语言的内容，还是本身说话的方式，对于孩子们的成长来说，都是极端重要的。从小就送给孩子们最佳的语言，将胜过我们在其他方面所能给予孩子的许多许多！

吴老师的家教锦囊

中学生已经有了很强的分辨能力，我们做家长的就要谨言慎行。就算是要表达同样的意思，也要注意你选择的表达方式和使用的词语，这都将对孩子产生很大影响。在与孩子交往的过程中，无论是你提出要求，给出答案，还是与他谈条件，达成妥协，你所使用的语句有可能让孩子更加乐于合作，更加自信。但也有可能令他们感到挫败和失去信心。

那么，哪些话会解决问题，并能带来让孩子快乐的魔力呢？

我认为，那些不中听的话所表达的内容，我们可以换一种方式来说，也许孩子就更爱听，同时也能使你达到说话的目的。就拿上面列举的十句话来说吧，我们是不是可以这样说呢？

1. 某某取得了好成绩，我觉得你努力一下会比他更好。

既让孩子觉得学有榜样，为自己树立了追赶目标，同时又觉得得到了家长的肯定，增强了自信心。

2. 我再给你一次改正的机会，希望你能够抓住。

说话做事要留有余地，孩子会感觉到你宽容的态度，这会让他反思自己的过错，甚至产生内疚。这才是改正错误最有利的前提。

3. 你这样做事，想到后果了吗？

讽刺挖苦或刻薄的话伤人最甚。当你变指责为提问时，会减少孩子的抵触情绪，帮助他认真分析做错事的后果。

4. 我先听你说，然后你听我说好不好？

在孩子急于表达或分辩的时候，他是没有耐心听你解释的。你要先学会倾听，也许孩子说的有道理。即使孩子说的没有道理，你这时可以针对他的话再进行反驳也不晚啊。孩子要的是你对他尊重的态度。

5. 我觉得这样做不行。

同样的意思，不一样的表达，更会让孩子容易接受。孩子最讨厌刚愎自用的家长。我们应该多想想孩子的感受，学会委婉地说出自己想说的话。

6. 我们共同想想办法，来解决这个问题好不好？

有时请求比命令效果要好。不要让孩子产生被放弃或被抛弃的感觉。要始终让孩子感觉，父母永远是站在自己身后一棵可以依靠的大树，自己的任何困难都可以在家长的帮助下克服。

7. 你已经长大了，不能这样做了。

孩子渴望独立，但他们排斥没有能力和主张的父母，当孩子看到家长束手无策时，他们会看不起这样的家长。父母只需提醒他是大孩子了，应该有明辨是非的能力了。

8. 你还需要买什么必需的东西吗？

一味的物质刺激与承诺，使孩子不明白学习的真正意义，以为考试成绩永远与所需要的不必要的东西相关联。要让孩子明白，不管考试成绩如何，父母都会满足他需要的东西，而不需要的东西免开尊口。

9. 你如果能为父母争光，我们会觉得多自豪啊！

同样是心里话，这样表达，孩子听了不是很舒服吗？

10. 这次考试，希望你能比上次进步一点点。

过高的目标，会使孩子因总是达不到而产生挫败感，适当的要求是促使他不断前进的动力。

也许有的家长会说了，像我们这样的中年人，在单位工作压力很大，工作了一天，回到家里，真的很累，有时就不想说话。甚至在外面还免不了受一些闲气，心里很窝火，脸色不自觉地就有些难看，当然说话也就更不会考虑后果了。但你最好在进门之前提醒自己，调整好心态。当孩子开门迎接你的时候，给他一个笑脸；当要和孩子谈话的时候，注意一下措辞。

其实，让孩子看到我们笑容满面，也会减轻他们的心理压力，使他们觉得我们很容易接近。这样一来，孩子对我们就少了一份戒备心理或抵触情绪，有话也愿意和我们说。而孩子说话时，我们要认真去听，很平等地对待他们，这样，他们感到了对自己的尊重，就会乐于和我们说话。这时，我们千万不能因为自己的一句不得体的话，让孩子觉得被歧视或冷落。

通常孩子被冷落怎么办？他们有时就会到外面去找能安慰他们的人。为什么有的孩子会结交不良少年？为什么有的孩子会早恋？原因当然很多，但其中根本的一点，就是缺少家庭的关怀，缺少亲情的温暖，不愿意听家长对自己所说的一切话。

一位教育家曾经说过："父母教育孩子的最基本的形式，就是与孩子谈话。我深信世界上好的教育，是父母在和孩子的谈话中不知不觉地获得的。"父母的话，是植入孩子心中的一粒种子，会深深影响孩子的一生。有效的亲子对话，对培养孩子健全的人格，促进孩子的学业进步大有帮助。希望家长们在对孩子说话时"三思而说"！

第三章 给予孩子关爱，从走出误区开始

走到婚姻边缘
——离婚前想想孩子，离婚后别伤着孩子

我在初二（8）班做了一个调查，了解到，这个班有 54 人，其中单亲家庭的孩子多达 7 人。班主任张老师给我讲述了发生在这些单亲家庭孩子身上的种种现象，以及他们家长的种种行为。

有一天，上午第四节课，小林的爸爸给我打电话，说要我转告孩子，放学后，直接到美食大酒店。因为今天是孩子的生日，他邀请了几位朋友为孩子庆贺生日。

"我和他妈妈分手后，我自己带着孩子，虽然我平时工作忙，照顾孩子不周，但孩子的生日我是一定要很隆重地给他过的。"听出来，小林的爸爸还颇有些得意。

"孩子接受你这种做法吗？你中午带孩子去酒店，下午上课怎么办？"我冷冷地问。

"我这是为他好啊，还不是想尽量多给他温暖嘛！我会及时把他送回去的，一定不耽误下午的课。"

"那请注意，千万不要让孩子喝酒啊。"我无奈地叮嘱。

我其实对小林爸爸是很不满意的，无论是开家长会，还是单独来学校，我总是看到他一副醉醺醺的样子，他还口口声声地对我说，他为了小林，坚决不再婚。可是孩子心里的伤痛，他哪里知道啊！

小林曾在一次周记里诉苦说："爸爸妈妈闹离婚时，我上六年级，每天我几乎都没机会正点吃饭，在他们的怒骂声、砸东西声中入睡，我觉得，家里简直冷得像冰窟窿。"

| 好父母　好朋友 |

　　小林从上初一以来，学习成绩就一直居后，尽管我们教他的所有老师都知道，不要伤害这样的孩子，应多关心他，多给予他温暖。但孩子冰冷的心还是要多靠父母的温暖才能融化啊。每当看着一片飘红的成绩单，小林的父亲唯一的办法就是打骂孩子一顿，然后去喝酒，而小林也渐渐被打皮了，"哼！反正最多是打一顿，打完了他就没事了。"小林曾愤愤地说。

　　还有一个可怜的孩子小楠，她的那篇作文，曾经让我和办公室的其他老师无不叹息掉泪。

　　我虽然判给了爸爸，但是我更舍不得亲爱的妈妈。我很怀念我上小学一年级生日的那天，那一天是多么美好啊！我记得那天恰好是周日，妈妈爸爸很早就起床了，我还在睡梦中就隐隐约约闻到了我爱吃的水果味蛋糕。终于，伴着蛋糕香味睡懒觉的我醒来了，在卫生间里看到了一份生日礼物——一套漂亮的洗漱用具。妈妈说，上小学的大姑娘了，该换个大号的牙刷了！嘿嘿……那时候，我是父母的焦点，他们从点点滴滴中关爱着我；而父母是我快乐的源泉，我在这样幸福的家庭中感到无比快乐。

　　可是现在，我每天白天面对的是爸爸的愁眉苦脸，甚至是愤怒呵斥，晚上梦里常常出现妈妈的身影，但醒来却是泪湿枕头。妈妈，您什么时候能回到女儿身边，让我再吃一吃您亲手做的饭菜，再晃一晃您给我梳好的小辫儿呀……

　　还有一个孩子小燕，上初一的时候，她在班上参加活动很积极，脑子也很聪明，什么东西都是一点就会。但后来问题就出现了，爱和同学吵架、骂人，还顶撞老师，最愿意让老师请家长。她曾对我说："张老师，我就希望你请家长，你天天让我请家长都行。"刚开始，我和办公室的老师们都很纳闷，没有孩子愿意请家长啊？可是等到多次给她家长打电话，终于把她父亲请到学校后我们才明白，孩子之所以老是出问题，就是为了让老师请家长，就是为了能够让父亲到学校来，就是为了能够让爸爸关心自己，过问一下自己的生活和学习。总之，就是为了能够赢得父亲对她的注意。可没想到，换来的结果是回家以后的挨打挨罚。

　　原来在父母离婚后妈妈就远走不知去向，爸爸又成立了新的家庭，把她遗弃在了奶奶家。几年来她都是和奶奶相依为命，从来得不到一点父母的关爱。为了引起爸爸的注意，她就故意犯错，即便是回到家整夜罚站在雪地里，即便是受到皮肉之苦也无怨无悔。

　　……

让人费解的是，现在的离婚率越来越高，单亲孩子也在不断地增加，这算是社会的一种进步呢，还是倒退呢？

调查中发现，现在基本上每个班都会有几个单亲孩子。这些单亲家庭的孩子从小就生活在一个不正常的家庭环境中，家庭的"内战"在他们幼小的心里留下了阴影。有的孩子是因为害怕父母离婚而长期生活在忐忑不安之中；有的孩子是因为看到母亲为了一个完整的家而宁愿忍受痛苦的婚姻，这使他们背上了沉重的精神负担；有的孩子从小就认为父母不和是因为自己不好，内心的谴责使他们长期生活在压抑之中。长期的缺乏疼爱与温暖，长期生活在惧怕和压力之下，使得这些孩子在精神上遭受到严重摧残。

而父母离婚后，一些孩子潜意识中，非常想要通过自己的努力把父母的注意力集中在自己身上，于是他们就采取了各种自虐的方式或自暴自弃的行为。因为在他们的经历中，从小到大，只要自己一生病，或者一出问题，父母就会都过来关心自己。这使得他们认为，只要自己有情况，父母就会在一起。

有些单亲家庭的学生，由于自卑而产生很强的逆反心理，他们不服从教师的教导，甚至会与教师作对。有时他们会故意违反校规校纪，以此来达到引起老师注意的目的，求得心理上的一定满足。还有的单亲家庭的学生特别敏感，只要有机会，就把对家庭的不满发泄到同学身上，常常表现为欺负弱小同学，惹事生非。

家长离婚会对孩子产生什么样的影响，从长远角度想想。由于他们做事极少会想到产生哪些严重后果，因而很容易受到外界的影响，很容易走上违法犯罪的道路。这种心理状态会对他们的人际关系、婚姻家庭、事业发展带来长远的，甚至是终生的影响，这就是已经被心理学极其重视的所谓原生家庭的影响。

吴老师的家教锦囊

写到这，我很希望那些想要分手的爸爸妈妈，在作出决定之前，多想想自己的孩子。你们生下了孩子，就应该给孩子一个完整的家，让孩子生活在一个温馨和睦的家庭中。其实，孩子希望的是家庭的温暖，是父母的相爱。一个夫妻相爱的家庭才是幸福的。在这样的家庭里，孩子不会被夹在中间，看着父母的脸色行事，更不会谨小慎微、战战兢兢，他的情感、品德和人格才会得到正常的发育。

而那些不得已已经分手的父母，你们是不是也要想到，在今后漫长的生活中，尽量不要伤害到孩子，不要将你们酿下的苦果，让孩子来品尝。

在学校，老师用爱心抚慰孩子的创伤，而在家里，你们总是让孩子暗中舔舐着伤口。离异的夫妻双方，往往心中有结，大都不能像朋友一样交往。有的家长见了面不分场合随时发生口角，甚至当孩子面说对方的坏话。这样，就加重了孩子内心的阴影，这会改变家长在孩子心目中的良好形象，导致孩子疏远父母。这样的孩子极容易形成孤僻的性格，并且很任性，他们不合群、执拗，常常故意跟别人闹别扭，稍有不顺心，就大发脾气、耍性子。他们的思想非常敏感，心灵也非常脆弱。父母若不加倍重视，那么孩子的生活、学习、性格等各个方面将有可能走入不健康的轨道。

所以，离婚的父母，你们在孩子面前搞好两人关系也很有必要，让孩子感觉到，虽然爸爸妈妈不在一起了，可是你们仍然是好朋友，你们仍然都很爱孩子。再有，孩子应该是父母共同拥有，不是哪一方拥有抚养权就归属哪一方所有。无论是父亲或母亲，虽然不能与孩子生活在一起，但都应该尽量抽空多陪陪孩子，谈心聊天，带他们一起去看电影、去公园玩耍。这样可以促进与孩子的关系，了解孩子的内心世界，通过谈天教育孩子一些做人的道理，培养孩子的爱心。要知道，一个乐观向上且坚强的父母可以成为孩子学习的好榜样。如果整天让孩子看到你那忧郁的脸，让孩子感受你那幽怨的心，孩子永远也不会快乐。

作为教师，我多么希望，在单亲家庭中成长的孩子，也能够不再孤独自卑，也能够健康快乐。这需要离异的家长的爱心给予，需要家长有良好的教育方式。如果是这样，那么即使大人分手了，你们的孩子同样会拥有和正常家庭中的孩子一样的幸福。

第四章

帮助孩子适应学习，从掌握规律开始

无论孩子处在哪个学习阶段，家长的主要职责都不是对孩子学科知识的具体辅导，而是督促和帮助孩子养成良好的学习习惯、培养孩子积极向上的学习态度、鼓励孩子克服学习上的困难，使孩子养成主动学习的好习惯。做到了这些要比帮孩子解决几个具体的学习难题更有意义。

我们家充满笑声
——给考生加点幽默的糖

在一次高三家长座谈会上,我与家长们就如何让孩子在紧张的高考复习中放松身心的话题,做了一次交流。

家长一:我们家现在时刻处于备战状态,孩子在备战高考知识,家长在备战考试结果。整日战战兢兢、不苟言笑,大人与孩子的关系也非常紧张,家长唯恐说错了一句话,影响孩子的学习情绪;孩子唯恐考试成绩不佳,辜负了家长的一片心意。很希望听您介绍一些经验。

家长二:吴老师,我现在都不知道该怎么满足孩子那苛刻的要求了。为了让孩子有个安静的学习环境,家里每个人都换上了软底拖鞋,走路轻、说话轻。我们家早就拆除电话、停播电视、谢绝会客,全面实施家庭静音工程。现在只要家里出现一点点声响,孩子就会烦躁不安。最近,她的情绪更不稳定,甚至听到抽水马桶的冲水声音也会大发脾气。整日处在提心吊胆之中,我们真不知道如何是好?

吴老师:给孩子一个自然、真实的环境,帮助孩子调适一份内心的沉着与冷静才是最主要的。

其实,最好的状态应该是双方尽量放松。家长与孩子之间的幽默调侃,会给孩子带来心理的安慰与放松,真正把家当做缓解释放紧张的心灵栖息之地,感受到家庭的温馨甜蜜。

在孩子上高中期间,我们家专门买了家庭喜剧《我爱我家》、赵本山小品集等光碟。在全家人吃饭的时候,或孩子学习累的时候,放给她看。不仅可以使孩子心情轻松愉快,而且无形中会形成孩子风趣的语言风格。

还有,女儿与我们经常是没大没小地开玩笑,当爸爸妈妈的并没有觉得降低了自己的身份，失去了做家长的尊严，反而为双方有这样的默契而沾沾自喜呢。

你们听听我们的家庭对话，看看我们家是怎样没大没小又乐在其中的吧：

母：看你爸爸现在做饭真是有了长足的进步，你看人家切的这藕多薄啊，简直快超过我了。

女：你拍我爸的马屁能不能含蓄点，别这么显露痕迹好不好？

女：妈妈，这个字念什么？
母：这不是×字吗？
女：行啊，小子，越来越有长进了，士别三日，当刮目相看了。
母：那是，咱是谁呀？堂堂的语文老师啊！

母：今天早晨我就不骑车送你上学了，你自己走着去吧！
女：我也没说想叫你送呀，真是老孔雀开屏——自做多情。

母：哎呦，我滴娘耶！你怎么又……
女：（煞有介事地）我姥姥怎么了？我姥姥她没事儿吧？

母：我要去上班了啊。
女：嘿，你穿这件大衣，特显瘦呢，再斜挎上这个小皮包，简直就像我姐。
母：什么叫特显瘦啊，本来就瘦嘛。怎么，你是说你太显老啊，还是说我太年轻呢，阿妹？
女：别给你点阳光就灿烂啊，我可没有你这样的阿姐。

女：我们班小静说，看春节晚会小品节目一点意思都没有，基本上没什么笑料，还不如听我说话搞笑呢。你说我真有这么幽默吗？
母：那当然了，我的那点幽默细胞都遗传给你了，你再不幽默点对得起我吗？

女：我身份证上的照片怎么照得这么难看啊！鼻子这么大，眼睛这么小，嘴还撅撅着。
母：你本身长得就这样啊。这就让你更充分地认识了自己，以后别臭美了。
女：你这样攻击我，是不是想抢占我在咱家第一美女的位置啊？想由倒数第一升至倒数第二呢？

母：哈哈，不敢，不敢，谁是第一美女，咱们看看照片比一比不就知道了吗？你自己再看看身份证上的照片嘛。

母：怎么今天放学早了？是不是逃课了？
女：（望望饭桌上的烧鸡）可不是咋地，在学校就闻着烧鸡的香味儿了，流着口水就一路跑回来了。

女：我的事情你别管了，跟你没什么好谈的哈。
父：你是团员，我是党员，我们团员和党员之间有什么不可以谈的呢？

女：我这么聪明伶俐的孩子怎么有那么一个又笨又傻的妈妈呢？
母：那还不是遗传变异了呗！

母：你们爷俩的衣服简直是脏死了，洗出来的水，一个是黑龙江水，一个是黄河水！
女：你说话可要注意点啊，一下子把咱家的两个人都得罪了，要小心啊！你还想在这个家混吗？
母：我是说你的脏衣服水像黄河水，比你爸爸的黑龙江水稍微强点。
女：你不要企图挑起内讧啊，我们可不上你的当。

女：唉，有的人啊，是长得不怎么样吧，照相倒挺好看，而我和我爸爸呢，是人长得相当漂亮，可照出相来就黯然失色了。没办法。
母：所以啊，不要总是以第一美女自居了。
女：别争了嘛，等一百多天过后，我上大学走了，你就会自然而然地上升为第一美女了啊。
母：嘿嘿。赶紧考走吧！
女：俗话说，人一走茶就凉，这还没走呢，怎么茶就凉了啊。
母：今天是鸡翅炖蘑菇，多吃点儿。

女：你这是喂小猪呢？没看我现在都快成圆脸了。

母：是啊，养肥了才能卖出个好价钱啊。要不那么瘦弱，谁要啊！赶紧多塞点儿吧，现在瘦肉型可不吃香了。

女：哎呀，味有点淡了。

母：刚才我尝了觉得有点咸呢，正担心一会儿挨你爸爸的吵呢，现在你又抱怨淡了。看看，真是"众"口难调啊，我这做饭的大师傅容易吗？

女：等我上大学一走，你们就成了"两"口（子）好调了。嘿嘿。

……

中国传统的家庭教育大都严肃多于宽容，从一些俗话便可略见一斑，如"三天不打，上房揭瓦"，"棍棒底下出孝子"。在这种教育思想的影响下，父母与孩子的关系往往弄得非常对立。殊不知，最好的家教氛围应该是彼此都略带一些幽默。

幽默是父母与孩子沟通的有效方式。世界上有人拒绝痛苦，有人拒绝忧伤，但决不会有人拒绝笑声。幽默感在人际交往中起着举足轻重的作用。一个幽默风趣的人，往往比不具幽默感的人更受到大家的喜欢。同时，幽默还能帮助我们更好地应对生活和学习中的压力和痛苦，更开心地生活学习。随着时代的发展，现代家庭越来越重视孩子幽默感的培养。幽默是一种人生态度，更是一种人生智慧，其心理基础是乐观、积极向上的心态。

俄国文学家契诃夫说过：不懂得开玩笑的人，是没有希望的人。在现实生活中，幽默可以淡化人的消极情绪、减轻痛苦、舒缓紧张气氛，更能带给自己和别人喜悦和希望。

吴老师的家教锦囊

可能有些家长自己本身挺幽默的，但是在家里，尤其是在孩子面前，总绷着劲，怕失去了做家长的威严。殊不知，越是幽默乐观的家长越受孩子的喜爱。而且家长应该积极地将自己的幽默感有效地传递给孩子，这对于缓解家庭气氛是非常有意义的。

家长们知道吗？除了在家里，就是在学校，具有幽默感的孩子大多开朗活泼，往往更讨老师的喜欢，人际关系也要比一般的孩子好得多。幽默还能帮助孩子更好地应对生活和学习中的压力和痛苦，使他们往往过得比较快乐，也能比较轻松地完成学业。

要知道人的幽默感大约有三成是天生的，其余的七成则是在后天培养出来的。那么，如何培养孩子的幽默感和乐观态度呢？

1. 父母首先应该是幽默的人。幽默感有先天的成分，不过后天的培养更加重要。孩子是父母生命的延续，是父母最真实的镜子，潜移默化中，父母的许多特点在孩子身上都得到再现。

2. 教育孩子学会乐观、宽容地面对人与事。乐观、宽容是幽默的精髓。要学会幽默，就要学会宽容大度，克服斤斤计较的狭隘思想，同时还要学会乐观。

3. 热爱生活，用心去感悟生活。生活无处不有幽默，只是缺乏发现幽默的眼睛。引导孩子用心去观察、感悟生活，培养他们对事物的洞察力，用自己的视角去看世界，不因循守旧，是提高幽默的一个重要方面。只有迅速地捕捉事物的本质，以恰当的比喻，诙谐的语言来表达，就会使听者产生轻松的感觉。

4. 适当的自嘲也是幽默。真正幽默的人，不怕受人嘲笑，而且非常善于自嘲，而这种自嘲实际上是建立在自信的基础之上的。

5. 多给孩子看或读幽默轻松的故事。幽默有趣的小故事不仅能使孩子在轻松愉快的氛围中喜欢上阅读，还能潜移默化地培养孩子的幽默感。培养幽默感是过程，不是结果。孩子们在学习幽默的过程中，学会用心地感悟生活，学会乐观、宽容地面对生活，这才是最重要的。

幽默感是情商的重要组成部分。人生中如果缺少幽默，就如同食物中缺少糖和盐，会寡淡无味的。幽默是人类智慧的结晶，是一种语言艺术，它区别于只是逗人发笑的滑稽，它蕴藏着深刻的内涵。

你是一位具有幽默感的家长吗？赶紧抓紧时间去培养自己继而带动孩子吧！让幽默成为自然习惯，让调侃成为自然流露。尤其是当妈妈的，要知道，在一个家庭中，如果妈妈不快乐，不但会影响到孩子的情绪，也会影响整个家庭的气氛，谁愿意让自己的家人总是在战战兢兢、沉闷无语中过日子呀？

最后特别要告诉高三孩子的家长们，要时刻让家里充满着和谐宽松的气氛，经常和孩子开个无伤大雅的小玩笑，最好是将自己做为取笑的对象。当孩子说你是"老孔雀开屏——自做多情"之类的话时，你应该感到荣幸：孩子没把你当外人，还肯和你开玩笑，而且还有心情开玩笑，这是多么好的心态啊！这时你就公开大笑或偷着乐吧。

考试前的心理辅导课
——轻松上考场、坦然下考场

我们经常看到这种情形，不管是大考还是小考，考试过后，总会出现"几家欢乐几家愁"的情形，以致于现在有很多同学谈"考"色变。大考更不必说，就是小小的月考，也会考前十几天就开始担心，寝食难安，无精打采，考后一周了还沉浸在懊悔与自责之中，待时间老人刚稍稍抚慰一下受伤的心灵，下一个轮回又开始了。

孩子考试后，常常会出现这几种情况：

1. 一直不肯原谅自己。"唉，我再好好检查一下，就不会落下那个该死的小数点了，我怎么这么马虎呀！""题目这么简单都没答好，要是平时认真听讲就好了。""我真笨，才得了那么点分，怎么好意思见人呢？"

也许孩子的成绩令他自己很失望，失败的滋味也的确不好受，但如果他一直沉浸在自责的痛苦里，始终无法坦然地面对自己的成绩，可以想见，孩子下次的成绩也不会有多大提高。这时家长需要做的是与孩子共同找出考试失误的具体原因，认真分析每一科的每一道错题。

2. 孩子总觉得对不起他人。"对不起省吃俭用拿血汗钱供我上学的父母，对不起不厌其烦帮我解题的任课老师，对不起对我关怀备至期望很高的亲人……"总之，没考好的时候，满脑子浮现的，都是那些自己对不起的人。比如"爸爸希望我将来能考上名牌大学，他给我提供最好的条件，可我成绩就是上不去，怎对得起他呢？"孩子这么一想，心里的负担就更重了，今后的学习也必是一种疲劳战术，效果未必好。

家长在这个时候，要提醒自己的孩子，放下不必要的心理包袱，自私一点、现实一点地想，学习就是为了自己。多学一些知识，提高自己的能力，就是收获。有自己的目标，有自己的追求，尽自己的全部努力就无怨无悔了。

3. 一味考虑别人如何看待自己。"看到墙上的排名表，看见自己少得可怜的分数，我恨不得找个地缝钻进去。""这几天都不敢进班级了，我觉得四周都是嘲笑的眼神。"这是一些孩子对爸爸妈妈倾诉的苦恼。家长可以告诉孩子，其实，只要你明白，你周围的人都有自己的事要做，他们没有那么多时间把注意力完全集中在你身上，他们还是会把你当成一个普通人来看待的，你只要和别人一样就好了。

比如，你在路上不小心摔了一跤，惹得路人哈哈大笑。你当时一定很尴尬，认为全天下的人都在看着你。但是，你如果站在别人的角度考虑一下，就会发现，其实，这件事只是他们生活中的一个小插曲，哈哈一笑，然后就忘记了。

4. 最终丧失自信，悲观失望。"我努力了那么久还是考不好，是不是我比别人笨呢？""再努力也没有用了，我将来肯定是考不上大学了。"有的孩子，几次考不好，就对自己失去了信心，怀疑自己的智商，甚至慨叹命运对自己不公平，自暴自弃，悲观失望。家长的责任在于，帮助孩子增强自信，告诉他们：学习是一个循序渐进的过程，想一口吃成胖子是不可能的，不要急于求成。

5. 担心惧怕下次考不好。有的孩子成绩特别好，在年级名列前茅，在众多人的赞叹声中，又开始担心："如果下次考不好，岂不会受到大家的笑话？"家长可以对孩子说，你要记住：下次是个重新的开始，你不是要保住名次，而是和大家一样去争取名次。没有不打败仗的将军。有一定的危机感，可以使你不至于躺在成绩上睡大觉。但如果过于关注成绩给你带来的学习以外的东西，势必要为名次所累。只要你不骄傲自满，脚踏实地去学，把该掌握的知识都掌握了，就什么都不用担心了。

这里再为学生和家长介绍几点应对考试观念上的认识和具体的做法：

1. 正确评价自己，目标适中。从心理学的角度讲，一个人在做一件事时，保持中等水平的动机可达到最佳效果。给大家举个例子，比如在考试前，甲同学想"考什么样就算什么样吧"，乙同学想"我要努力争取考第一"，丙同学想"我一定要考第一"。这就是对考试成功所持有的三种不同程度的期望，那么，哪个人的考前复习效果会更好呢？

我们不妨来分析一下,甲抱着无所谓的态度,学习没有了动力,自然会放松自己;丙要自己一定成功,给自己施加了太多的压力,容易焦躁不安,影响复习效率;只有乙才会以坦然的心态,有条不紊,尽自己所能地去复习。所以,每次考试之前,综合评价一下自己的水平,定一个合理的目标,切忌好高骛远和不思进取。这样既有信心迎考,又不至于有沉重的心理负担。

2. 不打无准备之仗。扎实的知识基础,既是取得好成绩的有力保证,也是缓解考试紧张的最佳良药。当然这种复习绝不应该是为了考试而复习,而是为了掌握知识而复习。努力做到边学习边巩固,及时清理学习障碍,夯实基础,稳步前进。平时都弄懂了,学会了,考前再全面系统看一下,既节省时间,又保证效率。成竹在胸方可胜券在握,切不可自作聪明,猜题、押题或抱有侥幸心理。

另外,精神上的疲劳,往往会导致注意力涣散,记忆减退和思维迟钝。所以,考前一定要注意休息,千万不能开夜车。习惯于开夜车的同学要将自己的生物钟及时调整过来,以免晚上神经过于兴奋,睡眠不足,白天昏昏欲睡,影响正常答题。

不能毫无信心,也不能盲目自信,既要有对成功的美好向往,也要做好迎接失败的思想准备,注意调节心情,保持情绪的稳定,做到"一颗恒心,两种准备"。

3. 做做放松训练。绝大多数人都有过考前紧张焦虑的体验。在一般人看来,考前焦虑似乎是一种不利的情绪状态。其实,焦虑作为一种不安的情绪,是个人内驱力的表现,是正常的适应行为,在人类的生存和发展过程中,焦虑是不可避免的一种体验,并不都是有害的。

适度的焦虑是人们学习、工作和生活必不可少的心理成分,人无所求就无所虑。学生如果没有焦虑,就会失去刻苦读书的动力。考前紧张是一种自然现象,可使兴奋性增强,对认真参加考试,提高答题效率是有益的。不过,有些同学过分看重考试对自己的影响,整天忧心忡忡,无法静下心来去复习,这就需要自我调节了。

吴老师的家教锦囊

一、这里我教大家进行一种考试前"放松训练法"。家长们可以先试一试，掌握要领了，适当地传授给孩子使用。

请你微闭双眼坐于椅上，全身放松。

1. 紧握拳头——放松；伸直五指——放松
2. 收紧小臂——放松；收紧大臂——放松
3. 耸肩向后——放松；提肩向前——放松
4. 保持肩部平直转头向右——放松；保持肩部平直转头向左——放松
5. 屈颈使下颚接触胸部——放松
6. 张大嘴巴——放松；闭口咬紧牙齿——放松
7. 使劲伸长舌头——放松；卷起舌头——放松
8. 舌头用力顶住上颚——放松；舌头用力顶住下颚——放松
9. 用力睁大双眼——放松；紧闭双眼——放松
10. 深吸一口气——放松
11. 收紧臀部肌肉——放松；臀部肌肉用力顶住椅子——放松
12. 伸腿并抬高 15~20 公分——放松
13. 尽可能地收缩腹部——放松；绷紧并挺腹——放松
14. 伸直双腿、脚趾上翘——放松
15. 屈趾——放松；翘趾——放松

休息两分钟，再做一遍，此方法可在考前一周开始，每天放松自己。

二、接下来我再向大家介绍考试中如何克服焦虑。这是家长务必要对孩子讲的。

可能孩子在考试的时候会出现头晕、乏力、呼吸急促、心跳加速、血压升高、大脑一片空白，严重的甚至会晕倒。如果出现这种情况，可尝试以下方法：

1. 自我暗示法。走进考场先不忙于动笔，而是在心里反复默念："没关系，尽力而为就是了。"遇到难题不要心慌，告诉自己"我不会，别人也不一定会"，慢慢使自己放松下来。

2. 深呼吸。自我暗示后稍有镇静，全身放松，双手放在膝盖上，慢慢地深吸气，同时默念"吸"，然后慢慢呼气，默念"呼"。这样反复多做几次，一分钟约6~8次，大约1~2分钟左右自己会感到呼吸、心跳正常。

此时再鼓励自己"现在一切正常，我一定能成功"，反复3~4遍就可以了。

每个人在考试前、考试中或考试后，都会有这样或那样的顾虑和担忧，这是正常现象。作为学生和家长不必为此担心，形成新的心理负担。只要学会运用放松训练及时自我调节就可以了。希望大家都能在这些辅导下，调整好心态，沉着、冷静对待考试。

其实，要想做到"轻松上考场、坦然下考场"，学生和家长最先应该做的，就是要学会正确认识和对待考试。

考试是评定学生学习状态和教学效果的重要方法，也是高一级学校选拔新生的基本方式之一。我们平时的考试，主要目的就是促进学生系统地将所学过的知识加以复习和消化，激励进取精神，找出存在的差距和努力的重点，更好地提高学习水平和效率。概括地说，考试就是让我们"比而知不足，知不足而进取"，是让人不断成长进步的过程。每次考试无论结果好与坏，从心理上和知识上，都可以促使我们反思，从中有所收获。

明白了这些道理，考试还有什么可怕的呢？其实人生就像一个大考场，其间有无数次考试，每越过一个及格线，你就会有一个质的飞跃。即使失败了，也可以从头再来。相比之下，我们现在的考试可算是小菜一碟了。

请学生和家长谨记：分数只是暂时的、表面的，水平才是永恒的、真正的！以正确的观念理解考试、以积极的心态对待考试，才可以考前全心复习、考中游刃有余、考后再接再厉！

最后祝愿所有积极向上的孩子们，答好今后人生道路上的每一份试卷，成为生活的强者！

家长学历低没关系
——好孩子不全是辅导出来的

我经常会接到家长的咨询电话：

"上次参加学校组织的家长座谈会，感觉那些家长讲得真好！可是对照自己，又觉得自己学历低，力不从心，没有办法具体辅导孩子啊。"

"孩子进入中学，面对七门功课，会遇到很多问题和困难。我非常着急，也非常无奈，可自己辅导不了孩子，帮不上他什么忙。"

"我是上三班倒的，平时孩子在家的时候，我可能在上班或者在睡觉，和孩子照面的时间都很少，没办法辅导孩子学习。"

"我经常出差在外，对孩子的学习很少过问，更谈不上具体辅导了。"

"我给孩子报了很多辅导班，可是孩子的学习成绩仍然没有起色。"

……

我告诉他们：其实，恐怕在孩子小学高年级的时候，有些家长就已经不能解决孩子在学习中遇到的具体困难了。初中的课程从难度和深度都增加很多，不是每个家长都能辅导得了的。那有的家长说了，孩子学习中遇到困难的时候我们家长该怎么办？

请家长们别着急，要知道，无论孩子处在哪个学习阶段，家长的主要职责都不是对孩子学科知识的具体辅导，而是督促和帮助孩子养成良好的学习习惯、培养孩子积极向上的学习态度、鼓励孩子克服学习上的困难，使孩子养成主动学习的好习惯。做到了这些要比帮孩子解决几个具体的学习难题更有意义。

教学中我们发现，有的家长盲目地给成绩差的孩子报辅导班、请家教，这样不仅仅是浪费金钱和孩子的课外时间，更主要的是一些孩子在辅导班内学到了一知半解的知识后，反而放弃了在学校课堂上跟老师按部就班学习的好习惯。他们认为老师讲的内容，有的在辅导班里已经学到了，有的将要学到，对辅导班或家教形成了依赖心理，这样的结果最终是得不偿失的。

这里想对家长朋友们说的是，那些成绩好的孩子不全是辅导出来的。给大家讲一个实例：第38届国际奥林匹克数学竞赛金牌得主安金鹏，出身于一个贫苦农民的家庭。为了供他上学，母亲卖了家里的毛驴，又四处借债为他攒足了学费。为了不让他饿肚子，母亲每个月都步行十多里路去批发一口袋方便面渣给他送去，他用的数学草稿纸也是母亲从印刷厂要来的废纸。他是上学时唯一连素菜也吃不起的学生，是唯一没用过肥皂的学生，衣服上打满了补丁。但是他从来没有自卑过，他母亲经常和他说的一句话是"孩子，妈有你这个儿子真好！"

这样的孩子难道是靠家长辅导取得优异成绩的吗？

吴老师的家教锦囊

家长可能最关心的还是自己怎样做，才能起到培养孩子好习惯、督促和帮助孩子的作用。这里我不妨介绍一下具体的做法：

1. 参与制定合理的目标。家长督促孩子制定目标时，不仅要了解孩子，还要尊重孩子。为了提高孩子的积极性，家长可让孩子一起参与制定目标，从而激发孩子的奋斗欲望，并发现其自身的价值。如果实现了目标，孩子便会有自豪感；如果没有达到目标，孩子则会自觉分析原因，想办法补救。

家长要学会运用"门槛效应"，督促孩子制定切合实际的目标。心理学家费里德曼等人曾经做过的一项研究证明，让人们先接受较小的要求，能促使其逐渐接受较大的要求，这就是"门槛效应"。这一效应启示我们，在教育孩子的过程中，家长应当采用循序渐进的方法，先让孩子制定一个较小的目标，然后再提出更大的要求。孩子实现了小目标，便会有动力和激情面对下一个目标，进而朝着预定的长远目标迈进。比如，孩子一上初中或高中，就根据他原来的学习基础考虑每学年每学期的目标，继而再制定一个三年规划。

我们要切记，目标要合理要具体。家长在给孩子制定目标时，应考虑到孩子的身体和心理承受能力，把目标制定在孩子能够承受的范围内，并留有一定的余地。如果孩子这次考试只考了40分，家长强求孩子下次考试能得到90分是不现实的。

心理学家分析，人的积极性不仅仅来源于实现目标的价值，更取决于实现目标的概率。然而，在现实教育当中，一些家长总是觉得，在让孩子制定学习目标时，如果把目标设置得高一些，孩子暂时实现不了，也可以达到一个离目标不太远的程度。有了这种心理，家长常常不切实际地把孩子的短期目标和长远目标定得过高。如果目标超出了孩子的能力范围，很可能会导致孩子不断冲击目标却又不断失败的结果，这对孩子的自信心无疑是一个沉重的打击。

当然，家长也不应将孩子的目标设置过低，否则不能激发孩子的上进心。要知道"法乎其上，取其中；法乎其中，取其下"的道理。

另外，目标设置得越是详细，孩子在努力的时候就越有方向。比如，家长让孩子"赶快将数学课本上的练习题做完"的效果要比"你要好好学习"的效果有用得多。

2. 培养孩子学习的自觉主动性。学习只有自觉主动才能取得优异成绩，否则是无法学好、无法学到真正的知识的。要培养和提高孩子学习的自觉性，家长可以做好以下几点：

首先，要让孩子认识到，不要把学习当做一种任务和负担，要出自兴趣和需要而学。

如果把学习看成是任务、负担，就会感到学习是迫不得已而学的，孩子就会处于消极被动状态。要想提高学习自觉性，就要培养孩子对学习的兴趣，把学习看作一种生命、生活的需要，他才会积极主动地去学。

如何培养孩子的学习习惯和学习兴趣，应该是积极的鼓励加适当的引导。这几年，赏识教育的呼声高涨，而所谓的赏识教育，说白了就是鼓励教育。在学习的过程中，孩子所取得的每一点成绩，不管家长还是老师，都应该积极采用多种形式给予适当的鼓励，让他们获得一种被人承认、被人接受的感觉。水滴石穿，量的积累达到了一定程度，就会发生质的变化。同样，鼓励这个助推剂，积累到了一定的程度也会收到意想不到的效果。孩子对某一问题、某一学科的兴趣也就在这一次次的鼓励中得以形成、得以发展的。

但另一方面，我们也应该看到，孩子接受新事物的能力比较强，世间的万事万物都能引起他们的兴趣，而他们由于生活阅历的欠缺，对真善美假恶丑的分辨能力有限，不良的学习兴趣和学习习惯也会乘虚而入。这时候，作为家长或老师，就应该适当地加以引导，告诉他们哪些是对的、哪些是错的，哪些该做、哪些不该做。

学习是个循序渐进的过程,对学习既要做到从易到难,又要知难而进。在学习中遇到困难是很正常的现象,关键是要如何处理好它。有的孩子喜欢向困难挑战,在战胜困难时感到其乐无穷,这样就形成了自己的学习兴趣;有的孩子不喜欢困难重重的感觉,那就可以在学习中选择从易到难的方法,不要急于求成,让自己在每前进一步中都体会到一种成就感,这同样也能培养学习兴趣。任何学科都有它的乐趣和意义,可是真正学习起来都有枯燥的一面。

其次,加强自我管理、自我约束的能力。

要孩子明确学习目的,把学习作为提高自我修养、自身素质的一个重要手段。然后制订出周详的计划,实行自我管理,并且要自我约束,严格地执行学习计划,以提高学习的自觉性。学习要有耐心,也要有吃苦精神,能做到这些,学习成绩就一定会提高。

再次,家长要保证为孩子创造良好的学习环境,排除外界干扰,抵制各种诱惑。

学习环境要保持安静、整洁,这样就可以减少各种外界干扰,使孩子集中注意力学习。家长尽量不要随意打扰孩子,不要大声喧闹。提醒孩子要把书桌、书本和文具等收拾整齐。对于不利于按计划学习的各种诱惑,要勇于抑制自己的欲望。

最后,还要防止惰性的侵扰。

人总是有惰性的,孩子稍不注意,惰性便会发作,无法再坚持学习。要时刻提防惰性的侵入,否则就会越来越懒散,以致最终放弃学习。要想提高学习的自觉性,就必须克制惰性的经常性发作。

培养一个有主张和计划,有能力去学习的好孩子,这不是一朝一夕就能够完成的。而一旦培养出来,家长会非常省心的。不必总是为孩子的学习态度而发愁,不必为他暂时的学习成绩下降而担忧。只要孩子会合理安排时间,自己主动找出失误,最终会从一次次的失败走向成功的。

哪个孩子不厌学

——学习也是意志品质的较量

一位电话预约的家长到来。

"您好，吴老师！我是初一（9）班小成的妈妈。我想向您请教一下，我孩子最近特别厌烦学习，尤其是英语，除了写一写老师布置的作业外，一点不读、不背、不听。我说的话基本不听，说多了他会认为你唠叨，有时还会捂耳朵。我们经常因为一点小事发生争执、生气。您说，我该怎么办呢？"

刚入座，家长就一口气数落了一通。

"请问，你以前和现在对孩子具体是怎样管教的呢？"

"回想起来，孩子读小学的时候，我可能是对孩子过于严厉了，经常批评他，也经常打他。在学习上可能要求也过高了，平时做不好作业就必须重新做，考试必须都要在八九十分以上。结果对孩子是表扬少、批评多。

现在我觉得孩子都上初中了，应该成熟了，所以对他放松了管理。开始时，学习上我基本不管不问，只是生活习惯上管得多一些，督促他洗澡、洗袜子、收拾房间。还有，我们母子之间也没什么沟通，他也很少主动和我谈谈他学习方面的问题。"

"那你再想想，孩子压抑、厌学是从什么时候开始的，对孩子造成了哪些影响？如果能够找到最初给孩子造成影响的那件事，我们可以通过这件事来对孩子进行心理疏导。"

"寻找孩子开始厌学的时间嘛，仔细回想应该是在孩子小学五年级的时候，我检查他的作业，发现他写得很不认真，接连几日撕他的作业，并严厉要求他重写。他很生气，也极不情愿，但由于我的逼迫，每次都被迫屈服于我。"

"要想了解孩子为什么出现厌学现象，我们做家长的要像这样进行自我反思。想想我为什么进入不了孩子的内心世界？到底是哪里没有做好？现在的做法存在哪些失误之处？有没有站在孩子的角度想问题？还要想一想，自己是不是对孩子的教育始终保持着耐心？所学的家庭教育知识，是否在用的时候过于教条等。"

"您说得很对！我也的确学习过家庭教育知识。只是我心情好的时候，就时刻提醒自己用现代化教育的理念鞭策自己、鼓励自己，注意对孩子耐心点。可是经常是自己累了，或心情不好的时候，看到孩子有了坏习惯还自以为是，火气就窜上来了，免不了就会对孩子大吵大嚷。特别是家里就我们两个人的时候，我就会控制不住自己，心里焦急、困惑。"

"有的时候道理大人们是懂得的，但就是需要在孩子面前学会控制自己的情绪。每当这个时候就必须克制自己，能够和孩子耐心说话，能够包容孩子的不足，能够接纳孩子的意见，也能够站在孩子的角度想问题。这样孩子才能心服口服。"

"仔细想想再有一个原因就是，孩子的学习在我心里还是占据了最重要的位置。因为孩子的学习在逐步下降，我嘴上没说，但心里很急，可能会不自然地流露出一些不好的表情，或者说些孩子不能接受的话。"

"是的，这正是导致你们母子沟通不畅的很重要的原因。这样不仅没有找到孩子厌学的真正原因，反而使他产生了逆反心理，从而形成恶性循环。"

……

在担任心理咨询教师后，我接触了许多家长。他们询问最多的问题是：我孩子不爱学习怎么办？这是一个最简单的问题，其实，也是最难解答的问题。诸如此类：

"我女儿刚上高一，开学不久就说不想上学了。她说，每天在路上骑车都希望能出场车祸，这样就可以不上学了……孩子都这样想了，你说我该怎么办呀？"

"我女儿上初一，不爱学习，经常用睡觉的方式逃避学习。现在快考试了也不抓紧，总是说不爱学、不爱背、想睡觉，还爱发脾气，作为家长，我很困惑，也很苦恼，不知道该怎么办？"

"我儿子因迟到几次，语文老师当众批评了他，他便心存不满，发展到后来上课不认真听讲，不完成作文练习，最后语文学习成绩一落千丈。"

"我女儿上高三年级,成绩曾经排在前20名。她说她之所以刻苦学习,就是因为太讨厌学习,期待考上大学之后再也不用学习。孩子现在成绩滑坡,害怕复读遭罪,情绪非常低落。"

"我上高二的儿子有一天突然对我说,我对学习没兴趣了,学校的生活太单调。我觉得外面的世界更精彩。他告诉我,他已经打算好了,学校是坚决不回去了。他要去学习电脑维修,几个月以后就自己开家小店,并且逐步做大,最后作成遍布全国的品牌。"

……

由此可以看出,如今厌学正成为许多中学生内心的最大困惑。包括一些学习成绩优良的孩子,他们由于各种原因对学习失去兴趣,造成自我价值感不高、情绪质量下降,有的甚至对自己生命的意义都产生了怀疑。

对学习悲观失望、毫无信心的学生,极容易产生厌学心理。也有一部分学生,曾经努力过,但无论怎么奋斗,仍然常常失败,很少甚至没有体验到成功的欢乐。一次次的失败,无情地击碎了他们的进取心,促使他们对此做出了不正确的归因,认为自己天生愚笨、能力不强、智力低下、不是学习的材料,因而主动地放弃了努力,举起了白旗。

还有学生由于某种原因对某位教师不满,往往对他讲课也不感兴趣,严重的对该学科也不感兴趣。学生的情感容易延伸与发散,不善于控制与收缩,其结果常常运用不学习该学科或者故意不学好的手段来惩罚自己反抗教师。

上述现象还有许多。这种学生对学校的学习生活失去兴趣、产生厌倦情绪、持冷漠态度等心理状态,或在学习活动中不良行为的表现方式,我们称之为厌学。这种行为是学生表现在学习活动上的主要问题,其基本特征有两种:

一种是学习动力不足。这种现象在中学生中相当普遍。这部分学生中,既有头脑清醒、对问题有自己的看法、学习不错的学生;也有学习能跟上进度,但没有学习热情的中等学生;还有学习有些吃力,但自己尚知努力的学业稍差的学生。面对学校中激烈的竞争,他们普遍的内心感受是学习没意思、迫于形势又不得不学、可学着又觉得没劲。

另一种是根本不学习。这部分学生终日混混沌沌,虽然每天背着书包上学,但实际上是为了消磨时光。他们的兴趣在于玩耍、逛街、上网。有的与老师缺乏感情、关系紧张,拿起书本就头痛,坐在教室就犯困。对这部分学生,家长感到头痛，老师感到棘手。有的辍学流失，也有的被社会上的坏人拉拢利诱，走上犯罪的道路。

吴老师的家教锦囊

可能有的家长非常着急，孩子不爱学习怎么办呀？我们需要先看看到底是什么原因造成孩子们厌学的：

1. 没有目标。不少孩子都不知道自己将来到底想干什么，他们的人生还没有明确的目标。因此他们一旦在学习上遇到困难，就往往会选择放弃，平时对学习也提不起兴趣来。

2. 懒惰。一些孩子由于自身比较懒惰，怕苦怕累，觉得学习是一件很苦很累并且很乏味的事情。因此对学习毫无兴趣，一看到书本就头痛，这是引起大多数孩子厌学的一个重要原因。

3. 学习方法不当。一些孩子由于学习方法不当，导致基础知识差，成绩跟不上。上课时，根本不知道老师在讲什么或听得一知半解。对老师布置的作业无从下手，致使他们对学习毫无信心。

4. 学业不良。孩子学业不良的原因很多：小学知识学得不扎实，基础较差；升入中学后学科门类增多，学习内容加深，学习方法改变而产生适应不良；转学造成知识衔接不好而形成断层；父母不和、家庭环境不好，造成情绪低落而影响学习等。

5. 思想压力和精神负担大。生活中多数家长对孩子期望过高、要求过严，个个"望子成龙"、"望女成凤"。孩子在学校要完成过重的学习任务，在家里也感觉不到轻松，成绩稍差还会受到家长指责。

当然也有一些学校因素和社会因素。

了解到了产生厌学的原因，家长就要善于启发引导，有的放矢地对孩子厌学行为进行矫正。除了要采用正确的学习方法，提高学习效率外，家长更应做到：

1. 引导孩子的好奇心，激发孩子强烈的求知兴趣。兴趣是最好的老师，孩子一旦对某方面的知识产生了浓厚的兴趣，他们便会在兴趣的感召下，积极主动地去钻研探索。作为家长要善于发现孩子的好奇心、呵护孩子的好奇心，用好奇心的星星之火，燃起孩子强烈的兴趣之火，从而带动整个课程的学习。

2. 适当降低学习目标，低起点、慢步子，是孩子获得成功的重要途经。低目标容易达到，可以增强孩子的自信心，并能察觉到自身的进步，体验到成功的喜悦。只要朝着目标一点点进步，终究会达到一个应有的高度的。

3. 引导孩子多做自我调节。孩子在自我管理的过程中，家长指导他们不仅要与他人比较，更要与自己的过去比较。并以此调整自己的思想方式和行为习惯、克服困难、改正自己的不足。最后达到自己考察自己、自己思考自己、自己解剖自己、自己调节自己、自己战胜自己。

可以说，学习是一项艰苦而漫长的过程，也是意志品质的较量。需要有坚定不移的信心、克服困难的决心、顽强拼搏的恒心。哪个孩子具备这"三心"，他就能够获得学习上的成功与喜悦。

孩子上初中了
——你做好各种准备了吗

开学初，收到了一封初一家长的短信：

吴老师：您好！

我是初一（1）班小婉的家长，您在开学典礼大会上的发言给孩子留下了深刻的印象，孩子回家向我们表达了对学校的喜爱及对老师们的敬佩之情。

孩子在小学时还比较优秀，现在上初中了，我想我们做家长的肯定不能再用教育小学生的那套办法了。我们应该怎样配合学校做好孩子的工作，争取做一名合格家长？如果您能详细地告知，我们会非常感谢！

回信：

小婉家长：你好！

你所提出的问题，我想是初一家长普遍关心的问题，我们会及时召开家长会，强调一下这方面的要求。谢谢你对学校的肯定以及对学校工作的支持！

……

我们除了召开家长会外，还印发了宣传资料，让家长对孩子在校学习情况有所了解。并对你们在指导孩子时可能出现的误区进行了分析，最后提出了具体的辅导要求。

初一是孩子成长中一个关键的转折点。他们正值12~14岁，心理学上称这一时期为"少年期"，是介于童年期和青年期之间的过渡期。他们处于一个从幼稚向成熟过渡的阶段，家长要注意孩子可能会出现以下一些心理特征：个人意识开

| 好父母　好朋友 |

始出现，群体意识日益增强，青春欲望渐渐萌发，童心玩念依旧旺盛，厌学情绪渐渐滋生，自我管理逐渐变难。

掌握初一孩子的发展特点，从而正确引导他们尽快适应从小学到中学的一系列变化，顺利走完这一关键过渡期，是教师和家长不可忽视的一个方面。

初一的学生刚从小学升入中学，会对中学产生很大的不适应感。小学时教师手把手，一笔一画，面面俱到地扶着学生走，学生对教师的依赖成分较大。进入初一，学习容量一下子加大许多，教师和学生都具有较大的灵活性和自由度，主客体关系渐渐明朗。在"自主、合作、探究"新的教学理念的指导下，教师渐渐放开手让学生自己去学，自己支配课余时间，自己去发现和解决问题。教师和学生个体的独立性愈加分明。

初一是由小学升入中学的一个衔接阶段，很多学生开始不适应初中的教学，他们会发现任课老师不再像小学那样照顾得具体和细致，甚至有孩子认为老师不关心他们了。

从往届学生来看，刚上初一，部分学生身上存在着许多不好的行为习惯。这些习惯既影响着学生健康成长形成良好的品格，也严重影响着学生的学习效率和学习成绩。比如上课做小动作，这是在很多初一孩子中间存在的普遍现象，严重影响着课堂学习的效率。

我们的调查还发现很多在小学成绩很优秀的孩子，在进入初中之后成绩迅速下滑，甚至导致厌学乃至逃学。原因何在？小升初关键在于：学会学习！

进入初中以后孩子的考试，家长比孩子着急。于是，考试不仅是考学生，很大程度上也是在考家长。有几个误区需要家长们注意。

误区一：过分保护。孩子考上了一所比较满意的初中学校，家长把孩子重点保护起来。全家人都围着孩子转，甚至有的父母或爷爷奶奶每天都来校照顾孩子，实际上这不利于孩子以一颗平常心去进行学习，反而给孩子造成太大的心理压力。

误区二：过分干涉。有许多家长认为学生时代，孩子要一门心思学习、做功课，不能做其他的事，对孩子的自由进行限制：不准看电视、不准上网，这样的效果适得其反。要与孩子商量好，什么时间学习，什么时间休息娱乐，尽量给他们一个相对宽松的学习环境。

误区三：过分期待。对孩子的期望值过高，不够重点的也期望能上重点，不能名列前茅的也要提出过高的要求。经常把孩子同别人比较，抱怨孩子比别人差，这样容易挫伤孩子的自信心。也有的家长过于自信，认为对自己的孩子无论是学习方面还是思想方面都充分了解。其实不然，有很多孩子在家和在校的表现截然相反，这样就形成了学校和家庭教育不同步。

误区四：忽视心理健康。有些家长对孩子的身体备加呵护，衣食冷暖关怀备至，却忽视了孩子的心理健康。比如，到了初中孩子能否与周围环境保持良好的的接触，能否保持适当或良好的人际关系，能否适度地表达和控制自己的情绪，能否在集体允许的前提下有限地发挥自己的个性等。这些更需要家长的关注，使孩子顺利完成从小学到初中的过渡。

吴老师的家教锦囊

下面我向各位家长谈几点建议，供大家参考：

1. 加强沟通。希望家长不管工作多忙多累，尽量每周或两周与孩子作一次长谈和交流，注意了解孩子的思想动态。同时要经常和班主任保持联系，了解孩子在学校的表现。还要做到与孩子谈话时要有的放矢，针对他们出现的学习和思想上的问题，不要随便说说，如果这样，你的教育效果就会大打折扣。

2. 不要只重成绩轻视德育。有的家长认为，孩子一进初中，成绩毫无疑问是第一位的，把学习成绩作为衡量孩子的唯一标准。也有些家长因为孩子的学习成绩不好，就全盘否定孩子。学习并非孩子生活的全部，成绩也并不代表人生的全部，面对孩子的学习应该报有一颗平常心。也许你的孩子成绩不好，但他的体育很好，或是电脑玩得很好，你也可以发挥他这方面的特长，多用赏识的眼光看孩子。

3. 尊重孩子的个性。科学地分析子女的成绩，不与其他同学作比较，而是着眼于自身的比较。比较前后几次考试，看是否退步，原因是什么。比较各科之间的成绩，看哪科是弱项，多花些时间补上。

要知道，孩子都有他独立的人格和个性，有他自己的兴趣和爱好。可是，有多少家长承认这一点？请各位家长想一想，孩子虽然是我们生的，但是他是另一个人。他不一定和你一样聪明能干，他也没义务去替你实现你过去的想法。如果我们家长想不透这一点，很容易对孩子苛求多，也容易造成孩子的逆反心理。

4. 尊重老师。家长尊敬老师，可以在孩子面前树立一个好榜样。当孩子与老师发生冲突以后，家长要多一些换位思考，帮助孩子消除对老师的误解或猜疑。有的家长经常在家里议论老师的是非，势必会对孩子产生负面影响。孩子尊敬老师，他才能够听从老师的教导。一个能够听老师正确教导的孩子，一定是一个有出息的孩子。

5. 和孩子一起面对学习和生活中的困难。初一的孩子毕竟年龄小，当孩子学习上遇到困难得不到解决时，容易产生消极情绪，甚至放弃努力的愿望，渐渐学习的积极性会下降。家长不仅要帮助孩子解决眼前的学习困难，更要让孩子认识到学习上遇到困难是很正常的事情，关键是怎样想办法去解决，这也是培养孩子形成独立思考问题、勇于求知的好习惯。

另外，抓好子女在家的行为习惯。如良好的休息、科学地安排学习、适量地做家务劳动。劳动是教育人的较好方式，只有劳动，孩子才懂得生活来之不易，懂得珍惜等。

我们还应该给孩子提供几种必备工具书。新华字典、英汉小词典，这两种适合随身携带，使用方便。工具书的使用能潜移默化地培养孩子主动学习的好习惯。

现代汉语词典、英汉大词典，这两种工具书可以使用很多年，是学生学习必备的。但文曲星、好记星之类的电子学习工具不是必备的，此类学习工具仅适合于自觉性学习非常强的孩子，一般学生根本不需要，对于多数学生而言，这类工具他们更多的用于娱乐。

俗话说："学校长期敲警钟，不如家长三分钟。"这是多么深刻的道理呀！希望家长们在你的孩子刚刚进入初中时，就能够做到家校联合，创设一个有利于孩子身心健康、茁壮成长的环境。

不放弃、不抛弃

——帮孩子平安度过"危机期"

"吴老师,请您给我出出主意,我该怎样帮助这个让人头疼的小波,他中午又打架了!"初二(9)班年轻的班主任一进门,就气急败坏地说。

"这次又是因为什么呢?"

"他去上厕所,二班一个同学看了他一眼,他说人家别有用心。放学后,将那同学拉出校门口,不分青红皂白暴打一顿。"

小波,就是初二年级有名的"小霸王",我曾经找班主任和任课老师详细了解过他的情况。所以不用翻看备忘录,就已经能悉数他的种种惹是生非的"恶行"了。

说来让人痛惜,这个孩子刚入中学时,档案上记录的是:六年级,他是唯一代表学校参加全市奥数比赛并获得一等奖的学生,是令老师和家长自豪的优等生。

进入初中后,他开始不适应初中学习,觉得初中的科目一下子增加了那么多,很多学科更是自己一点都不感兴趣的。初一第一学期期中考试,成绩在班里是中上等,小波在小学的成绩优势已经荡然无存,他自己有了很大的失落感。

"到了初中,你必须要进班级前五位!"这是小波爸爸妈妈给他提出的硬性规定。而小波进入初中,成绩只是在班级二十多名。所以,父母对孩子的成绩极为不满,认为原来以孩子为骄傲的日子已不再。他们没有帮孩子分析成绩下滑的原因,而是整日讽刺挖苦:你那聪明的脑子上哪去了?还奥数一等奖呢,我们都替你丢人!就这成绩,你自己掂量着办吧。

家长的打击,使小波开始怀疑自己的学习能力,逐渐对学习失去了兴趣。家长的放弃,更使他没有归属感,加之缺乏意志力和科学的学习指导方法,成绩每

| 好父母　好朋友 |

况愈下。于是他开始通过与老师顶嘴，和同学打架这些极端的方式来赢得同伴的支持，树立自己的威信，觉得那才是重振自己的威风。

平时只要有人约他一同去打架，他总是很爽快地一口答应，显得特有"哥们儿义气"。而且他还通过手机信息了解哪个同学在背后说他坏话，然后就将同学狠揍一顿。小波的父亲说，自己最怕接到老师的电话，因为这意味着他要到学校收拾因儿子闯祸而留下的烂摊子。

小波更难接受老师的劝导，即使自己再犯错误，也听不进去老师的批评教育，他总觉得老师们所讲的处处针对自己，总是拿自己做反面教材。越是这样，敏感的小波抵触情绪就越强烈。

课外活动时间，我来到初二（9）班活动场地，见小波正在和同学打乒乓球，我冲着小波说："来，吴老师跟你较量较量怎么样？"

"什么？老师你也会打乒乓球？"小波一脸惊讶。

"当然，老师年轻的时候在学校比赛，还获得过奖呢。"说着，我从另一位同学手中接过拍子。

"好啊，小波还会打弧圈球啊！这个球可太难接了。"

"小波是我们班打乒乓球第一牛人！"同伴夸奖道。

"老师，你打得也挺厉害啊！特别是你的推挡，还真有两下子呢！防守也不错。嘿嘿。"

……

活动课结束了，我和小波并排向他们教室走着。

"小波，老师知道，你是个很聪明的孩子……"

"老师，你在讽刺我吧？我最烦别人说我聪明了。"我的话刚开口，小波就不屑地说。

"老师干嘛讽刺你呢？乒乓球打得好的人都是很聪明的呀。你看人家王皓，那是多聪明的孩子啊，还有邓亚萍，退役以后，都博士毕业了。小波，老师知道你有一个很光荣的过去，你在小学曾经是那么优秀，上了初一也不错，老师更相信你会有一个光明的未来！"

"光明什么呀，我现在都这样了。"

"什么样啊，你的学习成绩还是不错的呀，你都没怎么用上百分之百的劲，就能在班里考个中等。就是你的小毛病有点多，有时爱打个架什么的。其实，老师知道你有时打架是在发泄,你并不是真的对谁有仇恨,是吗?"听了这话,小波低下了头。

"告诉老师,中午放学,为什么又打架了?"

"昨天,我妈妈告诉我要把我转为寄读生了,我心里憋着气呢,看那小子不顺眼就找茬教训了他一顿。"

我暗自着急,心里埋怨这个家长,这不是让孩子更有了被抛弃的感觉吗?从此他会更加自暴自弃,不服任何人管教的。

"你不愿意做寄读生是吗?这个好说,老师和你爸爸妈妈谈谈,叫他们尊重你的意见。不过前提是你要改变自己。老师相信,你的脑子那么聪明,只要用功学习一下,一定会取得像小学那样的好成绩的。"

"唉,我再取得好成绩也没用,永远也达不到我妈妈给我规定的那么高的标准。"

孩子是有积极向上的态度的,关键在家长的态度了,我想。

"老师也觉得你爸爸妈妈给你定的标准有点高,他们对你的要求有点苛刻。这样吧,我与你爸爸妈妈沟通一下怎么样?"

"但愿他们能听您的话,他们曾在家说起过您,说上次开家长会,您讲得挺有道理的。"

第二天,我拨通了小波妈妈的电话,要她来学校。我们就孩子的学习和思想好好谈了一下……

小波这样的孩子,在中学生里占有一定比例。他们由小学升入初中,尤其是升入了重点初中,好多孩子在学业上已经无法得到原来的成就感。总感觉自己没有像小学那样受人重视,被人羡慕了。他们有失落感,但又不甘寂寞。渐渐地,他会发现跟老师顶嘴、打架这种抗拒权威的方式可以显示自己的"威风",赢得同伴的注目。他们会立刻在圈子内结识"志同道合"的朋友,从而增强他的认同感和归属感,以使他的不良行为得到强化。

结果,他越是不守纪律,越容易招致老师和家长对他的不满,这反而让他逆反地坚定自己的想法,与老师和家长的隔阂越来越大,也越来越不服从管教,从而形成一种恶性循环。

我们不难看到,小学时候的优异成绩会掩盖像小波这样孩子其他方面的问题，让他觉得只要有好成绩就可以得到一切，包括父母的赞赏、同学的羡慕。所以，当他获得好成绩时，这些赞扬和羡慕让他不断自我膨胀。而一旦学习环境和学习内容出现变化时，他不会通过改变学习方法和自身努力来取得好成绩，而是通过破罐子破摔的方式来面对一切。

吴老师的家教锦囊

家长朋友们，如果您的孩子有这样的倾向，那么提醒您：

第一，当孩子升入初中时，他们正进入从小学生到初中生的心理过渡期，家长首先要帮助孩子尽快适应初中学习。从小学三门主要功课的学习到初中七门功课的学习，很多孩子会出现不适应期。这个过程需要家长和老师配合，共同帮孩子顺利度过这段适应期，让你的孩子在未来的学习过程中产生浓厚的兴趣，并能够在遇到困难时不退缩。

在这段时间内，家长最好做到的就是多和老师沟通，了解各学科的学习方法，给予孩子实质性的帮助，而不是一味说教或讽刺打击，这样反而会增加孩子的抵触心理。尤其是孩子到了初二，初一时还未挣脱儿童阶段，初三时心理则已趋于稳定。而初二孩子多处在豆蔻年华时期，大脑右侧额叶开始发育，进入了青春期。他们对一些做人的道理似懂非懂，要靠老师和家长多加引导。

第二，我们做家长的，要正确看待孩子的学习成绩。考试成绩在一定程度上反映了掌握知识的程度和对学习的态度，但不能完全说明问题。家长要重视孩子的学习过程，关注孩子是否努力了。如果孩子暂时没考好，要及时和孩子分析。要记住，帮助会比责备更重要、更有意义。

你想啊，本来孩子没考好心里已经很愧疚了，如果家长再一味指责，只能加重他的愧疚感，却于事无补。不如帮助孩子分析成绩不理想的原因——是平时没认真学习，还是考试粗心，或是心里紧张？家长对孩子的学习关注不够，家长没有及时督促等。分析原因后帮助孩子确定解决的办法。如果是因为家长对孩子的关注和督促不够的话，我们还有什么资格指责孩子的过失呢？

相信如果每位家长都能这么做，不仅对提高孩子的成绩有效，还一定会增加孩子对你的的亲近感和信任感。

第三，我们再从心理学的角度看看，小波发生转变时正处于青春期，是人的身心变化最迅速和明显的阶段，发展趋势呈跳跃式。此时的孩子力争拥有一个独立自主的人格。当自主性被忽视或受到阻碍时，孩子就会以自己的方式进行反抗。但心理发展的不成熟，常常让他们以主观、幼稚的方式来获得独立自主。此外他们还非常注重自己在同龄人群中的地位，渴望有知心朋友，渴望得到别人的接纳与尊重。

青春期是孩子们心理的"成长期"，也是"危机期"，家长一定要注意观察孩子情感上的细微变化，同他们给予孩子充分的尊重，建立信任感，切忌一味打骂呵斥或讽刺挖苦。对孩子的错误，一定要认真了解原因，切忌简单凭经验下定论。

家长朋友们，不管你的孩子出现了什么样的不尽如人意的地方，请你都要对自己亲爱的孩子有信心，努力做到不放弃、不抛弃！当你的孩子成绩下滑时，你的一句对他能力肯定的话语是拉他向上的动力，而你的鄙夷不屑、讥讽嘲笑也许会将他推向深渊。

考生家长应知道

——要做减压器而非高压机

初三年级刚开学的一次家校课上，我们请学生与家长共同参加。会上我们做了一次口头调查，请家长们想想，自己最近在家对孩子说得最多的一句话是什么？家长们只互相简单做了一下交流，便不约而同地确定"都初三了，还不抓紧时间学习！"这句话已经成为自己的口头禅。

初三学生小磊诉苦说：自从上了初三，我发现我会经常为学习上的事情烦恼，经常在晚上做作业时一个人哭起来。因为我发现我很孤单，在寂静的深夜，在幽幽的台灯灯光下，只有我在写作业，没有人陪着我，这是我以前从未体会到的孤独。虽然我知道，世界上还有千千万万个学生在为自己的梦想而努力，在忍受着孤独。但是，每一次当我下定决心要克服困难的时候，我又被自己打倒了。从这段时间考试的成绩来看，我的成绩下降得很快。初一、初二的我也没有想到我的初三生活会这么痛苦，我该怎么办？

小榕也倒出了自己的满腹的委屈：同学们都认为我应该各方面出色，老师们都说我行的，家里人都觉得我可以更优秀……我太苦了、太累了，负担太重了……我受不了了！我也想考好的呀，考砸了我也不希望的呀……我考砸了为什么像犯罪似的，人人都要说可惜呀？你们以为我想吗？你们的关心、信任给了我太大太大的负担……我实在受不了啦。为什么要做好学生、尖子生？为什么我就不能考砸了……

而小轩妈妈的一番话，也引起了许多家长的共鸣：

孩子在小学时，我的教育还觉得游刃有余，孩子听话、踏实、朴实、单纯、健康，可谓达到了品行好、学习好、身体好的"三好"标准，自然我也没少因孩子"优秀"听别人对我的赞扬。当孩子走进初中，忽然感觉时间过得是那么飞快。来不及感觉孩子的成长，一夜间个子竟超出了我一头；来不及享受孩子的成长，一转眼他就踏进了初三的门槛；来不及帮助孩子的成长，一不留神孩子懂的比自己都多；来不及品味孩子的成长，每一天他都会给你带来不同的新变化。这两年多里，作为初中生的妈妈，孩子的变化太快了，一切好像即将离开我的掌控。

我似乎有了一种做母亲的焦虑，一种对他的教育不知所措的感觉。什么时候让孩子有初三意识呢？什么时候让孩子紧张呢？好像比较难解决。有时难得有一空隙，想说说他，提醒他，他会反驳：你认为那样好吗？你有意思没意思？你怎么也像我们老师一样？烦不烦？你不是不在乎我的成绩吗？我都这样了你还不知足啊？唉……

我适时将一些特例讲给家长们听，他们震惊的同时，也开始了自省。

在一家医院心理科诊室。"孩子总是拔身上的毛发，不知道是什么原因？"母亲介绍着孩子的怪癖行为，一旁的孩子一直低头不作声。心理科专家注意到，帽子遮挡下的孩子没有头发，眉毛稀稀拉拉。母亲说，孩子今年15岁，在某重点中学读初三。进入初三以来，他就开始掉头发。"到他寝室打扫清洁，写字台下一大堆头发。"

母亲发现，儿子做作业时不停拔头发。"不由自主就会拔。"孩子对父母说。母亲以为儿子患了怪病，带孩子走了几家医院的皮肤科，都没查出病因。无奈，她让儿子把头发全剃掉，希望借此改掉他的坏习惯。但没过多久，母亲发现，孩子开始拔自己的眉毛、鼻毛、腋毛。

通过交流，心理科专家找到了孩子拔毛的病根，并做了分析。这个孩子成绩一直排名班上前10名，希望考上重点高中，压力很大。每次考试，因不满意自己的成绩，很焦虑。"考虑问题太多、敏感、多疑，如花钱读重点中学，感觉对不起父母，自己也没面子。"另外，父母太过正统刻板的教育，让孩子背负太多。性格内向的孩子无处发泄，只好用自我惩罚的极端方式来发泄。

离中考只有10天了，初三学生小可突然离家出走。他给父母留下一张纸条："爸、妈不用找我，死不了。"小可的父母焦急万分，不知道孩子去了哪里，也不明白孩子为什么要离家出走，更担心孩子能否如期参加中考。度过了煎熬般的6天，儿子终于平安地回来了。当问及离家出走的原因时，他的回答使父母始料不及："你们整天唠叨着'中考、中考'，快把我逼疯了。为了躲避你们的唠叨，我独自去外面静静心。"

这个案例让我们看到，是父母的唠叨逼走了孩子。所以，我对在场的初三孩子的父母提出了建议：让孩子有自主的空间，不要以关心的名义把孩子推进压力的旋涡中心。

家长假如"一切以考试为中心"的话，会明显强化"考场火药味"，使孩子整天处于重压之下，易产生疲劳、焦虑、厌学、恐惧等不良心理反应。

到了初三，学生的学习负担加重了，而对社会的挑战、家长的压力、老师的要求，他们极易出现心理偏差，表现出自卑、忧郁、焦虑等症状。

我重点调查了初三（4）班的48位同学，发现有24位同学（占50%）对初三紧张的学习生活缺乏足够的思想准备和承受能力，从而产生了不同程度的心理障碍。其主要表现为：面对竞争担心学习赶不上，信心不足或完全缺乏信心（有8人）；虽然努力，但成绩见效不快，又苦于找不到好的学习方法（10人）；希望与老师沟通，得到老师的鼓励和安慰（4人）；父母的责怪和过高的希望使学生觉得心中烦恼（2人）。这些心理障碍如不能得到及时的引导、化解，学生的心理负担就会越来越重，学生的学习情绪就会受到影响。

心理科专家建议，对于进入初三后压力过大的孩子，要从改变孩子的认知模式入手，让他感受到自己有很多优势、强项，做事尽力而为、顺其自然。同时建议他多交朋友，学会倾诉，选择正确的发泄方式，如听音乐、运动等。建议孩子父母做好最坏打算，让孩子有路可退。

我们对初三家长们提出了要求，越是中考即将临近，家长越要多关心孩子学习之外的事，如交朋友、运动等，多给孩子减压而不是加压，不要让孩子背负过重负担，让孩子能够轻装上阵，走向中考考场。

吴老师的家教锦囊

如果你是初三孩子的家长，那么下面这些提醒更要仔细看一下：

1. 确立目标。孩子进入初三，家长要对孩子下一步的学习目标有一个清醒的认识，有针对性地对孩子的学习、心理等进行指导、引导，以鼓励为主，帮助孩子克服畏难情绪，协助他们以良好的心态扩大优势，缩小差距。

第四章 帮助孩子适应学习，从掌握规律开始

心理学研究表明，对目标的确立极其重要。但目标的确立需要分析思考，这是一个将消极心理转向理智思索的过程。目标一旦确立，犹如心中点亮了一盏明灯，人就会生出调节和支配自己新行动的信念和意志力，从而排除挫折和干扰，去努力达到目标。目标的确立是人内部意识向外部动作转化的终结，是主观见之于客观、认识向实践飞跃的起始阶段。

家长在这一阶段还要结合孩子的实际情况，找出孩子成绩的增长空间，帮他们制订切实可行的作息时间和学习计划，并对其学习成绩有一个准确定位。目标不要定得过高，就是孩子蹦一蹦，能够得着的目标。否则容易使孩子产生挫败感，觉得自己再怎么努力也达不到目标，久而久之就容易泄气，对自己的能力产生怀疑。

2. 保持平常心。孩子到了初三，家长们最好能顺其自然，在孩子面前保持平常心，不要给孩子制造过于紧张的气氛。让孩子平稳、自然地过渡到初三年级，淡化紧张气氛，尽量内紧外松。否则会增加孩子的心理负担，容易使他们对初三生活产生逆反心理或恐惧感。

3. 引导孩子走出心理波动期。初三学生正处于青春期，敏感、易怒、任性是这一阶段的主要表现。处于青春期的初三孩子面对同学间的竞争，以及老师、家长对自己升学的期望，更容易烦躁。因此，家长要提前做好心理准备，从调整自己入手，要有耐心，等孩子情绪平复后再与之交流，探讨解决问题的途径，帮孩子尽快走出心理波动期。

4. 正确对待考试。进入初三，孩子们的考试会增多，小考、月考不断。遇到孩子成绩下滑时，一些家长常常会不顾孩子的智力水平、学习基础，不问原因地盲目指责，眼睛只盯着"成绩"，这样很容易造成孩子与家长之间的矛盾。所以，有些孩子根本不对家长提考试成绩，家长问及，总是以还没有发考试卷搪塞过去。

家长正确的做法是，每一次考试之后，要给孩子倾诉感受的机会，当拿到考试卷后不要只看一下分数就万事大吉，一定要一科一科地帮孩子分析卷子上失误的原因，有针对性地调整学习思路，改变学习方法。

5. 施加压力要适度。现在的初三学生中也有相当一部分孩子缺乏学习动力，即使临近中考也对学习不上心，这让家长着急上火，考试前爸爸妈妈比孩子还焦虑。产生这种情况的原因大致有两类：一类是家庭环境优越，孩子觉得吃穿不愁，不需要努力学习，认为即使没有工作靠家里的积蓄今后也能过得很好；另一

类觉得学习压力太大,自己成绩不好前途无望。于是心灰意冷,摆出"死猪不怕开水烫"的架势,消极怠工。

其实,我们做父母的,有时候也可以退一步,退一步海阔天空啊!如果我们的孩子在学校和家里都要承受超出他们年龄和心智能够承受的压力,孩子将苦难无边!不要谴责我们的孩子受不了挫折、经受不了压力,弹簧也不能够超出弹性限度呀!

第五章

消除孩子成长障碍，从正确引导开始

每个孩子都有自己的小世界，不要强硬地去打开想一探究竟，这样只会让他的心灵更加封闭。如果学校和家庭，能够对这些孩子多一些关心，多一点认可，多一点微笑，那么他们一定会主动告诉你他们的内心世界到底是怎样的。让我们慢慢靠近这些需要关注的孩子，帮他们打开心结，敞开心扉，让他们与自己的同学伙伴们一样欢快舒畅地走进阳光灿烂的天地。

异样地仰望着老师
——"喜欢"也可以成为学习动力

我正在办公室看书,一位中年妇女敲门进来。

"你好,我是高三(7)班小莲的妈妈。"她一边自我介绍,一边随手将门关上。

"你好,孩子有什么学习上的问题了吗?"

"没有,是这样的,我来和您商量一下,我该怎么处理这件事。我没有告诉她的班主任,因为我以前来开家长会的时候,您曾经在会上说,孩子有什么问题可以找您谈谈。"

"谢谢你的信任,不知道是什么事情?"

"前两天,我家孩子小莲晚上在家学习,我一觉醒来,见她屋里的灯还亮着,就想去催她快睡觉。到她屋里,见她趴在桌子上睡着了,刚想叫醒她,发现桌子上有一本打开的笔记本,我就随手拿起来翻了一下,怕孩子醒了看到,我只大概翻了几页便放好。然后我叫她不要学了,赶紧上床睡觉。"

"哦,孩子学习很刻苦啊。"

"是啊,她学习上没什么问题,非常自觉,从没用我操过心,我总是催她早睡,别把身体熬坏了。可是,我没想到这个孩子思想竟然那么复杂!"

"不要这样说,是不是您从她的笔记本里看到了什么?"

"是啊,我看到的几页,满是对她们物理老师的描写、赞美,写自己是如何崇拜他,还说自己很想他。这件事,我之所以没对她班主任说,是不想让这件事扩大,更不想影响孩子的思想和学习,您说我该怎么办呢?我是找孩子谈谈这件事,还是直接找那个物理老师呢?"

"都不妥当。这样吧,让我找个机会与孩子谈谈吧。您在孩子面前要一如既往、不露声色。这也不是什么大不了的事,您也不用想得那么复杂,您还继续安排好孩子的饮食起居,做好后勤工作,好吗?"

"好的,这件事就交给您了,我相信您能处理好它。谢谢您!"

"不客气,这是我的职责。也谢谢您的信任!"

我侧面向班主任了解了一下小莲的情况。她学习很好,担任着物理课代表。可能是与物理老师接触较多,对老师产生了好感。

过了两天,全校大扫除,我找到高三(7)班班主任,叫他给我派几个女生来帮忙,还特意叫他叫上小莲。

我与她们一起打扫室内卫生,一边随意地与她们聊天。小莲是一个个子不高但很清秀的女孩,不多言不多语地,看起来有点内向。当我们聊到崇拜和喜欢的人时,我告诉他们:

"我曾经崇拜过许多人呢,电影明星崇拜过扮演许文强的周润发,崇拜过成龙,崇拜过濮存昕。甚至上中学的时候,还喜欢过我们的语文老师呢。我到现在还清楚地记得,他给我们讲《雷电颂》的时候,那激情澎湃的朗读……"

打扫完卫生后,小莲等同学们都走了以后对我说:"老师,我想找您聊聊。"

"可以啊,现在吗?"

"就现在吧。一会儿还要上自习课呢。"

"好的。"

"老师,您刚才说过您曾经喜欢过你们的语文老师,那这算不算不正常呢?"

"这有什么不正常啊,喜欢一个人没有错啊。"

"那喜欢得非常厉害,总是想着他,这正常吗?"

"这也没什么嘛,当时我就是因为崇拜和喜欢我们语文老师,而下决心好好学习语文,结果高考成绩语文考得最好呢。"

打上课铃了。"我还想和您谈谈,我先上课去!"小莲说,"我以后再找您,可以吗?"

"可以啊,欢迎你随时来。"

第二天,小莲交给了我一封信:

我很喜欢我们的物理老师。自他接我们班的课,我就喜欢上了他,他的气质风度,他的博学多识,他的幽默风趣,真的让我好佩服,让我崇拜。那天,我去送物理作业,办公室里就他一个人,我偷眼看他,真的好英俊!也就从那一刻起,我总是想入非非了。我觉得我就是那童话里的小公主,而他,就是我苦苦追寻的白马王子,您说,这算不算是爱情?

……

我也决定,用回信的方式对她进行心理疏导:

这是一种很正常的感觉,你们物理老师那么优秀,如果没有人对他有好感,那倒是有点不正常了。你对他的爱慕,可以说是一种非常纯洁、非常美好的感情呢!那是爱情吗?也许很难界定爱情与崇拜之情,它们在很多时候是可以相互转化的。但我觉得,你的那种感情更类似于"粉丝"对歌星的感情,尽管经常会想,但还不属于爱情。

老师给你一条建议:全身心地投入紧张的学习!感情这东西,也不是说放下就放下的,要快些走出来,最好的方式就是不让它有空白,不让大脑有胡思乱想的时间。做为一名准备高考的学生,你对学习的重要性有充分的认识,现在只要全力以赴,投入学习,其他一切都会随时间淡忘……

过了几天,当我再次与她交谈时,她告诉我,自己已经开始集中精力学好功课。还特意强调,一定要学好物理课,做一个名副其实的好课代表。

类似小莲这种高中生钟情迷恋优秀异性教师的现象,我们在中学心理教育实践中遇到多起,它也是教育工作中比较敏感棘手的问题。

现实生活中常常有这种现象:处在青春期的孩子,特别是女孩子,在向往年长异性阶段,往往表现为从对方所不注意的远处,着迷地倾倒于所向往对象的一举一动,并将之偶像化,对其产生强烈的精神依恋。当然,成为迷恋对象的人,往往是周围年长的异性,因其容貌或才识或能力或人格具有强烈的吸引力,有时便引发了青少年产生独占性的精神需求。这种感情,往往是痴痴迷迷的"单相思"。

而在学生接触最多的年长者中,除家庭成员外,便是教师。一般说来,教师在德、才、识诸方面发展又较好,足以为学生所仰慕。因此,教师极易成为正处于青春期学生的爱恋对象。实事求是地说,这种感情无可非议。

我们再从心理发展的角度来看,"恋师情结"一般发生在处于青春期的部分中学生身上,其产生原因在于:进入青春期后,中学生开始对异性产生兴趣和注意，产生朦胧的性爱心理体验，这种心理的成熟和接近异性的渴望，是"恋师情结"发生的内在动因。

其次，中学生心理发展的特殊性与自我意识特点，是导致"恋师情结"产生的心理基础。由于他们身心发展以及在家庭和学校中地位的变化，中学生进入渴望离开双亲的保护以求自立的"心理断乳期"。他们发现了自我，但又为自身的种种缺陷苦恼；他们试图了解社会和人生的真谛，但在错综复杂的现实面前又茫然困惑；心理状态十分矛盾复杂。而教师与学生朝夕相处，和学生情感比较亲切深厚。

我们想想看，如果此时在青少年身边，出现一位像小莲物理老师这样的优秀教师，他们往往是既富有才华和人格魅力，又尊重和理解学生的独立意愿，满腔热忱地关爱学生。处于青春萌发期的某些中学生，就有可能在潜意识中，对某位异性教师产生一种朦胧的、混杂着信任和崇拜、依恋和爱慕的微妙情感，进而导致"恋师情结"的发生。"恋师情结"是青少年性意识发展过程中可能出现的正常现象，我们做老师和家长的，千万不能不加区分地简单视之为"变态心理"。

青少年在被崇拜对象折服的同时，又往往通过模仿和升华机制，觉得自己似乎也变得美好崇高起来，获得一种灵魂净化的独特体验。他们常常产生一种自我完善的迫切意向，表现出较高的进取心和行动的积极化。例如，有的学生在学习中迸发出饱满的热情，力求取得优异成绩，以引起这些老师对自己的好感和注意；有的学生希望将来报考师范院校，伴随自己钟情的老师终身从事教育事业。可以认为，中学生的"恋师情结"，透射出青少年对美好事物的纯真向往，从某种意义上讲，具有一定积极的潜在动力作用。

吴老师的家教锦囊

经观察发现，具有"恋师情结"的学生，大多具有闭锁心理和自责心理，他们极少向父母、师长或同伴吐露内心的这种隐秘。传统的伦理观念和社会舆论等无形的压力，迫使许多中学生将自己的情感深藏心底，他们只好通过日记独自倾诉和品味，有的则表现出严重的闭锁心理。

多数具有这种情感的学生发展为一种炽烈虔诚而又虚幻的单恋。这种理智与情感、幻想与现实、冲动与压抑的激烈思想斗争，常常搅得他们焦虑不安，对中学生正常的学习生活以及心理健康造成了一定负面影响。当发现孩子有这样的迹象后，做老师和家长的千万不要视之为异类，对孩子粗暴干涉或横加指责。

　　面对这一现象，老师和家长要耐心地对孩子进行不动声色、不留痕迹式的疏导，表面上是轻描淡写，实则是有针对性有说服力地引导孩子。让这种感情止于萌芽状态，让这种崇拜，成为孩子积极向上的动力。当孩子长大回首往事的时候，这只是他青春期的一段带有强烈抒情色彩的小插曲，是留在青春记忆簿上的青涩而美好的篇章！

　　那些对老师产生异样感情的孩子们，如果你的心灵深处也产生了对老师的崇敬、倾慕，那么请你珍惜，不要用非分的欲念和失误的行为去玷污它。一旦师生情谊变为师生恋或越轨行为，就失去了它的美好与纯洁性。

不想走进咨询室
——身体上的痛强于心理上的痛

下午第三节课，没有预约的学生来找我。我正在电脑上查阅资料，听到门外喊喊喳喳的声音："咱们进去吧，没事，快点呀……"

我走出门外，看到两个女生正在门口欲进又退的样子，便笑着对她们说："是找我的吗？有什么事进来说好吗？"

"老师，我们是高二（1）班的，我叫小丽，她叫小帆。"进屋后，一个同学大大方方地说。

"你们是来咨询什么事情的吗？"

"老师，我是替小帆来向您请教的，她自己不敢来。"小丽说。

"为什么不敢来呢？"我面对着小帆问。看出来，这是一个内向拘谨的女孩儿。

"我觉得，您这里是心理咨询室，应该都是有什么心理问题的才来这里找您，我没什么心理问题。"小帆嗫嚅着。

"还说没心理问题呢，你看看你的胳膊都成什么样了！"小丽不满地冲小帆说着。

"怎么了，能给老师说说吗？不是非有心理问题的才来这里的，我们可以是随便聊聊天呢。"

话是这样说，但我意识到"心理咨询室"这个名字该改改了，可能有许多孩子想找老师聊聊，倾诉一下苦闷或请教一些疑惑。因为怕被误认为有心理疾患，最后望而却步呢。

"还是你说吧！"小帆胆怯地望望我，对小丽说。

"老师,她总是控制不住自己,老拿刀子往自己胳膊上划,我实在看不下去了,非拉她到您这里问问,看她是不是有什么毛病。"说着,小丽捋起了小帆的袖子叫我看。

天哪,孩子的胳膊上满是一道道不规则的划痕,有的深有的浅,有的已经结了痂。

"这是怎么弄伤的,能给老师说说吗?"虽然之前听说过有孩子有自残的行为,但亲眼所见时还是非常震惊的。

沉默了一会儿,小帆缓缓地说:"其实也没什么,我就喜欢没事在自己身上割伤口。虽然留下了疤觉得难看,我夏天从来不敢穿短袖衫,但又喜欢刀划在身上流血的那种感觉。一开始是遇到不顺心的事情,就会划一下,现在是心情稍微不好就划。倒也不那么严重,就是想拿刀子割那么几下,怎么也控制不住。有时我也知道这样做不好,可当我想忍住不割的时候,就会觉得心痒痒。"

"老师,您说她这不是有病吗?她怎么能对自己这么狠呢?"

"你自己觉得有什么不对劲的地方吗?你自己想过为什么自己要这样做吗?"我小心翼翼地问。

"我也没觉得有什么具体原因让自己不高兴。在学校跟同学一起的时候会装得很开心,可到了晚上自己一个人的时候就会心情不好,总想这样划自己。觉得身体上的痛比心理上的痛要好受一点。"

"是不是学习上的压力有点大了?"

"不会吧,小帆在我们班学习是前十名呢。"小丽抢先回答。

"可能有点吧,虽然是前十名,但我总怕自己掉下去,怕别人超过自己。"小帆看了看小丽接着说。

"学习尽自己最大努力就可以了,不要总想着名次。还有,当你想划手臂的时候,逼迫自己干点其他感兴趣的事情,让自己变得充实起来,也许会转移一下注意力。"

"我经常晚上钻在被窝里看郭敬明的小说,他的那本《爱与痛的边缘》我反复看了很多次,经常是边看边流泪。《梦里花落知多少》我也很喜欢。"

"我也翻看过他的作品,他说过一句话:你给我一滴泪,我就看到了你心中所有的海洋。"

"可是我喜欢这一句:在每个星光陨落的晚上,一遍一遍数我的寂寞。"

"你们怎么讨论开郭敬明了,我可不喜欢他。他总是那么忧郁,那么悲观。"小丽插嘴说。

"那是你不懂他!"小帆白了小丽一眼说。

"我也同意小丽的看法,你可能性格比较内向,你应该多看一些更阳光的作品,帮自己慢慢走出忧郁。遇到不开心的时候,多找同学聊聊天,你看,你有小丽这样一个知心同学多好啊。也可以多跟父母谈谈心。"

"父母?我和他们才无话可说呢。除了吃饭、学习两件事,他们从来没有问过我别的什么话题。他们对我有很多限制,比如什么时间该睡觉,什么时间该起床,什么时间该学习……还常常怪我,说我不争气,就不能进年级前三十。整天对我唠唠叨叨,烦得我不得了。"

问题的症结找到了,帮助孩子走出忧郁,父母责无旁贷!

接着,我和她们又共同分析了产生现在这种行为的原因,使她明白了存在这种倾向并不是什么严重的心理疾病,让她接受了自己,并减轻了对自己的消极认识。同时我也告诉她如果现在不改掉这种习惯,这样做的后果会影响自己的顺利成长,增强了她解决问题的动机和信心。

然后我给她设计了一个方案,即每天记录下自己的心态变化,对消极的认知加以反驳,对不良的举动加以克制。她点点头。

我约她们以后可以经常来聊聊天。她们答应了。

她们走后,我决定将"心理咨询室"的牌子换成"阳光心语小屋"。

也许有的家长见过或听说过孩子自残现象,也许你的孩子正在进行着这样的行为。自我伤害犹如沉默的瘟疫,正在许多青少年中间悄悄蔓延。他们的老师和家长感到非常焦虑和困惑,不明白为什么这些孩子们要这样摧残自己。

从心理学上来说,像小帆这种行为属于轻度自残。当一个人的焦虑、紧张、不安、痛苦等负面情绪得不到化解的时候,自残就是一种转移压力的方式,自残是一种不良的发泄方式。它可以让人们通过增加自身肉体的痛苦来暂时减轻精神上的痛苦。

自残行为包括在身体上进行割、刻、烫烟疤等破坏或改变身体一部分,可能导致永久伤残。严重自残症则会包括挖出眼球、填塞耳道、切除外耳、自焚等。

造成的原因有:童年的创伤,现实的压抑,关注的需要和青春期的特殊心理等。这种情况的发生,常集中在 13~15 岁。这个年龄层的青少年,对社会认知不够,因此心理问题主要集中在个人方面,多数原因是家长的唠叨、同学的嘲笑、生活的不顺。因为年纪小,缺乏理性,容易冲动,因此常有自残行为。一般来说,这种问题的发生和家长是离不开关系的。在生活方面,他们常因为小事发脾气,因为某件事情完成的与自己想法有偏差而产生愤怒、烦躁的心理,容易发生自残的行为。

他们往往是由于心灵上感到孤独,对现在所面对的环境感到悲观,所以通过自残来让别人知道自己的反抗。这个年龄的孩子,是非判断力不够分明,常常对某些事物抱有幻想,结果越理想就越受挫,越单纯就越颓废。

吴老师的家教锦囊

孩子如果有自残倾向,我们应该怎样对待这样的孩子呢?总体来说,可采用正确归因、学校疏导、家庭配合和社会关注的干预措施来帮助他们。

对于家长而言,有以下方法:

1. 避免"无言"和"斥责"。这是许多父母对此事持有的态度,这其中有父母自责的成分,但表现出来的形式却是漠视或愤怒,因为这些父母难以摸透孩子采取自残行为时的真实想法。父母在思想上一定要重视并认真对待此事,不可逃避不管,更不能因为孩子摆出一副若无其事的样子便以为"这不是什么大不了的事情,只是孩子好奇心重罢了"。父母应及时向孩子"道歉",对他们说:"孩子,对不起,爸爸妈妈不知道你心中有什么不痛快的事情,请你说出来好吗?"

2. 有效沟通,正面引导。进入青春期的孩子非常在意别人的评价。当他们的行为无法得到别人的肯定、鼓励、赞赏的时候,他们便会通过自残的方式来引起周围人的注意。家长要对孩子的成绩给予及时的肯定和鼓励,分享他们成功的喜悦,不要等到孩子有过激行为的时候才注意他们。父母还要重视对孩子的情感关怀,多与孩子进行有效的沟通和引导。合理调整自己的期望值,针对孩子各方面的能力提出切合实际的要求,增强孩子的自信心和自尊心。

3. 引导孩子转移注意,释放负面情绪。也有一些青少年自残是为了释放不满情绪或进行自我惩罚。性格内向孤僻、不自信或容易自责的青少年,当他们有很多负面情绪和强烈不满的时候,就有可能把自残当成应对压力或表达愤怒的一种

第五章 消除孩子成长障碍，从正确引导开始

方式。家长可以通过转移注意力的方式，带孩子到大自然中、到电影院里等舒缓情绪。

后来，在学生的心理咨询过程中，又有过这样的案例。我仍然尝试着叫他们运用写日记的方式，应对不良情绪。具体方法是：

确定日记主题：学生只有在应对不利形势，特别是面对那些一直困扰他们，而又不愿或不能和别人交流时，将其作为成长日记的主题写下来，过一段时间，孩子心理得到放松，就会收到良好效果。

教会写作方法：复述事件，即发生了什么；情绪认识，即给我带来什么感觉；情绪分析，即我为什么有这种感觉。

提醒注意事项：花十五分钟全身心投入写作，挖掘内心感受；不要考虑语言是否优美、句子是否完整，要随心所欲；发泄负面情绪，写完就不要再去看；体会写完后的内心感受，感受不好要及时找原因；要持之以恒，每天写一点。

其实，每个孩子都有自己的小世界，不要强硬地去打开想一探究竟，这样只会让他的心灵更加封闭。如果学校和家庭，能够对这些孩子多一些关心，多一点认可，多一点微笑。我想他们一定会主动告诉你他们的内心世界到底是怎样的。让我们慢慢靠近这些需要关注的孩子，帮他们打开心结，敞开心扉，让他们与自己的同学伙伴们一样欢快舒畅地走进阳光灿烂的天地。

| 好父母　好朋友 |

有效的"性"教育
——正确引导强于一味回避

在一次家长座谈会上,我希望家长们聊一聊孩子是怎样向自己咨询有关"性"问题的?一开始,家长们面面相觑,都感到有点不好意思。我首先发言,打开了这一尴尬局面。

高二心理咨询老师:高二年级学生小强,他的下身出现了几块破皮感染,其实是打球跑步等激烈运动造成的。由于受电视以及小广告的误导,从未有过任何性经历的他却认为自己患上了性病,终日精神恍惚,无心学习,甚至寝食不安。他怕丢人,不愿意上医院,又不敢告诉父母,就自己随便抹了点药膏,整整耽误了一个月,下了很大决心,才来向我咨询,并一再强调让我保密。我告诉他,这可能只是非常普通的感染发炎,去医院治疗一下就没事了,孩子才放心地去了医院。

初二女生晓妍妈妈:从上中学开始我家晓妍就一直是大家眼中的好孩子、乖学生,但是进入初二后突然有段时间变得沉闷、压抑起来。我那时候注意到晓妍每次看到电视中卫生巾的广告,都会显得特别不自然,整个人很紧张很惶恐。当我与孩子聊天后才得知,原来是她想不通为什么电视中卫生巾广告出现的都是蓝色液体,而自己的月经颜色与电视上不一样。她终日怕来月经后,把自己身上的血流完了,又不好意思问别人,所以担心害怕、惶惶不安。

吴老师:这种现象的确带有普遍性。由于我国的中小学教育比较忽略青春期健康教育,而许多母亲也不太懂青春期卫生常识,造成女孩子们往往对突如其来的月经初潮惊慌失措,不知怎么办才好,引起强烈的心理冲突,影响了她们的学习和生活。

初三年级小旭的爸爸:那次我上厕所,无意中看到我那臭小子在厕所里干那种事呢,就是大人们常说的"自慰"吧,我就拼命地呵斥孩子,结果发现这孩子越来越胆小了,见了我跟老鼠见猫一样。

第五章 消除孩子成长障碍，从正确引导开始

吴老师：您这种做法有失妥当，这样会导致孩子不能正确地理解"自慰"现象，对"性"充满了恐惧，以后对自己充满了负罪感。有的孩子还会整日忧心忡忡，不能集中精力学习，因而学习成绩急剧下滑。

高二年级小岩的妈妈：有一次，我在孩子书包里发现了一本所谓"法制文学"，封面上那近乎赤裸的女郎特别刺眼，看看里面的内容，什么二奶纪事、街头艳尸等惊心动魄的标题令我眉头直皱。看到我脸色阴沉下来，儿子赶紧辩解说这书是一个同学请他代还给出租店的。我狠狠地训了他一顿，叫他以后不能再碰这种东西。此后我多次翻看他的书包，未发现类似的东西，才慢慢放下心来。可是有天上午，我在换洗儿子的床单时，发现在床垫下有一个蓝色的小笔记本。我好奇地顺手拿起，一看里面的内容，顿时大吃一惊，当场差点昏过去。原来，笔记本上密密麻麻地记载着各种淫秽的内容，还有他看色情录像的回忆，手淫时的性感受等等。

……

这些令人啼笑皆非的事例，引得家长们思考，我们该怎样对孩子进行"性"教育。家长们展开了热烈的讨论：

"我也知道给孩子的性教育很重要，可总希望孩子渐渐长大可以自己慢慢理解。"许多家长总是在对孩子开口谈"性"的最后关头放弃，对他们来说，内心存在这样一种侥幸的想法，就是孩子们有一天一觉醒来就什么都懂了，可以直接实现"从少年到成人"的跨越。

"现在的资讯发达了，又有网络，我想我的女儿和她的同学总还是能够逐渐知道的。"

"我们当年成长的时候，社会和家庭的性教育更加保守封闭，但我们最终不也慢慢了解了性？"

"谁都知道性教育重要，可谁都觉得，面对孩子不知道一开口该说些什么。"

"我跟孩子说青春期发育，孩子说生理课早就学过了。我跟孩子说个人的性安全，孩子说'你知道的还没我多'。我给孩子谈早恋的事情，孩子反驳我说：'你不就是要说学习阶段学习为重，男女同学的感情是纯洁的友谊么？'我觉得我的性教育在孩子面前显得又土又幼稚，孩子一堵我就没什么可说的了。"

最终讨论的结果，大家一致认为：其实，对于涉及"性"的许多问题，孩子并不会自己慢慢无师自通的。许多问题孩子未曾开口，这并不表明他们没有疑

感，他们也许知道一些，但也许离真相还很远，甚至正背离着正确的方向。

为什么我们中国的父母一遇到这个问题就集体"失语"了呢？家庭性教育，只因传统和保守，在子女与家长之间竖起了一道高墙。大多数家长把对孩子的性教育寄托在社会上。事实上，现代社会网络、电视、广播中，性已经变得不再那么神秘，可是这些途径已经歪曲了性知识的本来面目，强调感官刺激让青少年接受的性教育逐渐脱离了性的本来面目。孩子无师自通获取的性知识实则是片断性的、支离破碎的，甚至是畸形的。许多专家指出，青少年从非正常渠道得来的有关性知识，许多都是错误的，比如性疾病的传播、性疾病的治疗等。

其实，家长们推卸性教育的责任主要是认为自己不具备水平和能力，无法掌握性教育的方法和尺度。然而事实上，在教育专家的眼中，家庭具有性教育的特殊优势环境，首先孩子的信任可以确定沟通的无障碍，孩子在家长面前可以比较坦诚地提出性问题。

此外，每个孩子进入青春期的时间不一样，他们提出相关问题的年龄也就不一样，学校课程设置很难做到符合每个学生的实际需要。而家长可以随时对孩子提出的问题予以恰当的答复，并施以正确的引导。所以，家长对孩子进行性教育，可以随时开始，随时进行。

吴老师的家教锦囊

我们的性教育该怎样选择一个合适的方法让孩子们自自然然地建立起健康的性意识，平稳地走他们的性爱之路？

我给家长们推荐些专家建议：家长谈性"三要"，"三不要"。

1. 要简洁直接。不要神神秘秘回答孩子的性问题，应遵循一条最基本的原则：平静、坦诚、自然的态度至关重要。对孩子提出的问题，回答可以简单一点，关键不要给孩子造成心理压力。比如在孩子很小的时候，问关于生殖器是什么的问题，父母的态度应该像告诉孩子哪是耳朵，哪是眼睛那么自然。当孩子问这类问题的时候，他并不是想知道生殖器的性功能，只不过是想知道正确名称而已。故弄玄虚、大惊小怪的口吻和表情都会给孩子心理上造成难以排解的神秘感和不正常的羞耻感。

要知道，你越是躲躲闪闪，越加重孩子的性神秘感和好奇心。有的父母回答孩子提出的"生命来源"问题时，常借故说："你是捡来的，是树上长出来的……"不正确的回答未必能使孩子真正相信，孩子反而会感觉这问题是神秘的。因为曾经在父母那里碰了壁，当孩子长大一些模模糊糊地知道一些性的信息时，尽管存在着很多困惑也不会向父母坦诚地询问了。

2. 要轻松自如，不要正经八百。正如美国专家皮尔萨博士说："永远不要正式谈'性'。"性教育应该是机会教育。家长也不应该在性教育的时候，希望像老师上课一样，老是想着一次把全部知识都抖给孩子。家长谈论性问题的表情语气越严肃、越正经反而会让孩子感觉越不自然，看电视、浏览网页、读报纸杂志时遇到有关情景其实都是合适的时机。

和孩子交流性问题的时候，平等、幽默的口吻甚至于调侃的方式都是合适的。和孩子做朋友、谈谈自己经历的青春年代的"故事"，孩子会很感兴趣，一下子就和你拉近了距离。你可以把自己经历过的事情、后悔的例子讲给孩子，碰到合适的话题不妨父母一起交谈，让孩子感受到"性"不是件严肃到让人羞耻的事情。

3. 要更新观念，不要固步自封。家长给孩子进行性教育前不妨平时多看看相关书籍，因为孩子的任何性问题的提出都是很偶然的，并非是特定时间出现，家长平时的积累可使家长在回答孩子的这些问题时，不至于手忙脚乱。现代家长大多是在保守环境下成长起来的，青少年时所遭遇的性困惑与当代青少年并不完全相同，因此更新自己的观念，知道孩子在想些什么，对家长来说也非常重要。

给年级高一点的孩子讲性问题，更要让他们感受到你的权威性，要让他们感受到你所讲述的内容并非像课本那样生硬。一个简单的做法是家长不妨浏览一下孩子的课本，知道课本上的基本观点是怎么样的，这样既可以防止孩子抵触，又不至于完全雷同，让孩子觉得过于教条化。

最后再向大家推荐一本风靡校园的书：《藏在书包里的玫瑰——校园性问题访谈实录》。它从教育、心理、情感、生理、精神多种层面上研究和探讨了校园性文化的存在状态以及我们应当采取的措施。这些积极有效的建议将给我们提供一种体贴的帮助。性，是必须让青少年知道的一个事实。因为这是生命中本身具有的构成要件。但是，我们不仅仅要给他们性科学和性教育的知识，而且要关注他们的性行为性心理以及可能带来的种种不利的影响和危害。

引用当代著名作家、心理学家毕淑敏《美好的性，是阳光下的火炬》作为结束语："人的每一组器官，都是神圣和精彩的。人体的生理活动，更是科学和文学重要的研究和组成部分。美好的性，是阳光下的火炬。"

小小沙龙议"早恋"
——疏导防患未然，围堵适得其反

"早恋"一直以来是中学生老师和家长的敏感话题，如何看待这个问题？在家长学校接待室，我们邀请了几位孩子有这方面问题和苗头的家长，一起议论议论这个话题。其中有两位妈妈讲述了发生在他们家里的故事，引起了我的思索与感慨。

故事一

周末晚上女儿回来了。刚一见面，她就迫不及待地向我们诉说自己这周的苦恼："妈妈，同宿舍的小阳说班里的好几个男同学暗恋我，上课时老偷看我，你说我该怎么办呀？"

"那说明我女儿长得漂亮，有吸引力啊！"我调侃道。

"人家都快急死了，你还开玩笑。要是老师知道了，该会怎么看我呀？"女儿不满地嚷着。

从女儿升入初一住校那天起，我就开始担忧了：女儿长大了，因为长得漂亮，学习又比较出色，进入初中一定会面临青春期的异性情感问题。怎样与她交流这个话题，我想，现在正是好时候！

"那你最欣赏你们班的哪个男同学？换一句话说是喜欢哪个男同学？"饭桌上，我一边继续吃饭，一边不经意地问。

"妈妈，你怎么这样啊？"女儿着急地说。

"怎么样了，喜欢一个人不是错啊。妈妈小时候就曾经喜欢过自己班里的一个男同学啊，这很正常。"我望了孩子爸爸一眼，他正笑着听我们的谈话，我看出了他的默契。

第五章 消除孩子成长障碍，从正确引导开始

"说实话，我有点喜欢我们班的体育委员。特别是他在篮球场上的表现，不管是传球带球，还是举手投篮，那叫一个酷啊！不过，你别以为我光喜欢他长得帅啊，人家学习成绩也很棒呢，物理经常在我们班考第一呢。"

"记得小学时候，你欣赏的人好像是你们班的班长啊，你们初二（3）班现在的班长怎么样？"

"我才不喜欢现在的班长呢，就知道一天到晚往老师那里跑，打小报告。同学们都不喜欢他。"

"哈哈，这说明你欣赏的眼光变了，也说明你能从多侧面看一个人了。这点很像你爸爸，就是说你很理智。你想想，随着年龄增长，你生活的范围也在不断扩大，你到高中和大学还会接触更多更优秀的男孩子。如果你现在喜欢一个人，就与他走得很近，那不是早早被一个人束缚了吗？"

女儿笑着说："你别旁敲侧击了啊！我还不知道你想说什么？你们放心，我现在才不会谈恋爱呢，我要好好学习，将来考一个重点大学，到那时候我给你们带一个优秀的女婿回来瞧瞧。嘿嘿！"

我一直忧心忡忡，想着怎样避免女儿的"早恋"问题，没想到，这种担忧就这样轻易地被一场谈话消除了。

故事二

女儿一进家门，我就指责她："我从窗户向外望，怎么总看到有个男生送你回家啊？他是谁？"

"你还在监督我吗？他就是我们学校的同学啊，送我回家怎么了？"女儿不以为然地说。

"那你在房间悄悄打电话，也是打给他的喽？"

"你怎么管这么多啊？你是不是总在偷听我呀？"女儿开始不耐烦了。说着，走进自己的房间，并重重地关上了门。

其实，我三个月前就感觉到她早恋了，因为发现总有个男同学送她回家。有一次，我没敲门进她房间，她很快挂断电话，并埋怨我偷听，侵犯了她的隐私。更让我不能容忍的是，同事告诉我，曾看见女儿和一个男生在大街上手牵着手，行为非常亲密。

今天我打算和她彻底摊牌。

"你还想不想好好学习了？你考重点大学的愿望早晚会被那小子耽误了，我一看那小子的打扮就知道他不是什么好东西。告诉你，赶紧和他断绝来往。"我推开她房间的门，发出了最后通牒。

"我们并没有做什么嘛，根本没有影响学习。"女儿强硬道。

"不可能没影响学习，你看看你的成绩，从原来的班里前十，都掉到哪里了？现在快成倒数了，还没影响呢！"

"那是我这段学习状态不好。"

"为什么学习状态不好呢，还不是谈恋爱影响的啊？"

"你别管我了，心里正烦着呢。"

我开始意识到问题的严重性，耐着性子劝女儿不要陷入这段感情，并列举了种种严重危害，比如，影响学习，影响以后的人生路。可女儿并不听劝告，还笑我观念落伍。愤怒之下，我第一次动手打了她，从此我们母女俩的关系陷入僵局。

在这件事上，我真的是束手无策，总怕女儿因此影响学习，总怕女儿受到伤害。我真后悔自己没有及早干涉女儿的早恋，也后悔自己无法走入孩子的内心。

……

我们做家长的回忆一下自己的青春年少时刻，就会明了，对异性的向往和追求，是青春期孩子一种正常的生理和心理现象。虽然表现强度因人而异，但心中的涟漪每个孩子或迟或早都会产生，正所谓"哪个少女不怀春，哪个少男不钟情"。

随着社会的发展，当今青少年生理的成熟日益提前。因而青春期也在提前。花季的少年进入青春初期，情窦初开，他们很快便对异性表现出关心，并以善意、友好、欣赏的态度对待异性同学。

对异性产生感情是青春期学生的正常心理发展过程，也是处在学生阶段想获得健康的情感和独立人格的实践与尝试。这时的孩子都会对异性有一些幻想，而这种朦胧的新奇和好感，一旦被一些孩子的家长误解和夸大成"早恋"，反而会很有危险性。有的孩子其实一开始并没有做什么，只是在心里喜欢某个异性。被家长、老师如临大敌地指责后，便会真的模仿成人走向"恋爱"，甚至为反抗父母而离家出走。所以处理青春期孩子的感情问题，家长要特别小心。

再者说了，面临中考或高考，不言而喻的压力使他们很少有时间和机会放松

第五章 消除孩子成长障碍，从正确引导开始

自己。怪不得有学生戏言："不在压力中恋爱，就在压力中变态。"

上面的两个事例给我们做家长的一点启示就是，现在的孩子往往逆反心理比较重，你越是强调不要谈恋爱，他们却偏要谈。只要家长把它看淡一些，像第一位家长那样，从孩子的角度看待它，多和孩子进行沟通交流，开诚布公地说出彼此的想法，早恋是完全可以避免的。而如第二位家长那样，总担心孩子在青春期早恋影响学习，一旦发现这种情况，就会苦口婆心地规劝，甚至强硬地发出命令。殊不知，这种强势态度效果并不佳，不但打动不了孩子，有时候还会引起他们的反感。

吴老师的家教锦囊

建议家长，首先，对待孩子青春期的所谓"早恋"，一定要像第一位家长一样，在信任理解的基础上对孩子进行引导。切忌如第二位家长那样，简单粗暴和高压强制，尤其不能在孩子面前诋毁她或他正在交往中的异性伙伴，那可就犯了孩子的大忌。

其次，在处理这类事件中，家长既要热又要冷：面对孩子青春期生理上的变化、心理上的困惑，家长要表现出理解、关心、呵护；面对与异性同学的交往，家长表面上要会冷处理。例如，当听到老师反映说孩子给人写"小纸条了"，或者从日记里发现孩子有小秘密了，家长不用吃惊，冷静地面对孩子的长大，避免出现"弹簧"效应，越压越弹，更不要轻易去扣"早恋"的帽子。

下面，我们来看看"禁果效应"吧。

"禁果"一词源于《圣经》，它讲的是夏娃被神秘智慧树上的禁果所吸引去偷吃，被贬到人间，这种被禁果所吸引的逆反心理现象，称之为"禁果效应"。由于青少年处在特殊的发育期，好奇心强，逆反心理重，因此常出现禁果效应。

再次，这时候家长要做的就是，对孩子这种现象给一个合理的评价，并在日常生活中跟孩子搞好亲子关系，多跟他们聊聊学校的事，聊聊他们的困惑，鼓励他们多跟不同的异性交往，尽量发展正常的同学友谊。如果孩子已经与某个异性有"交往过密"的倾向，就要坦然地跟他谈交往中需要注意的事项，管好自己的行为。甚至还可以告诉他们要预防性行为发生以及带来的伤害。不要觉得讲这种事比较难堪，现在孩子获取信息的途径很广泛，与其让他自己瞎寻找，不如告诉

他科学的知识，杜绝伤害。

　　家长朋友们，培养教育孩子，如同治理奔腾的江河，"导"是上策，"堵"是下策。引导胜于强制，启发重于灌输。尊重个性与启发引导是教育孩子的基本原则。

　　所有家长的愿望都是一致的，都是为了自己的孩子着想。但帮助孩子的方法不同，结果就会迥异。让我们通过科学有效的方法，帮助孩子解决他们在中学阶段遇到的一些心理和生理上的困惑和难题，让孩子快乐健康地度过人生最关键也是最美好的青春期。

第六章
做孩子知心朋友，从深入了解开始

孩子的心灵与父母的心灵，天生是息息相通的，是父母自身的疏忽和成见在两代人之间挖掘了一道道鸿沟。想要真正走进自己的孩子，做孩子最好的朋友，最好的心灵指导师，父母就要用更多的爱和关怀搭起心灵的桥梁。从孩子的角度，观察他们，理解他们，给他们心灵的自由。

都是玩笑惹的祸
——开玩笑要掌握好度

今年的第一场大雪,将校园染成一片白色。尽管学校一再强调不要在校园里打雪仗,避免误伤摔伤,但还是有一些调皮的男孩子抑制不住玩乐的冲动。

初一年级学生小飞和小萧在操场上玩着。突然,小飞一面大笑着,一面迅速用自己的围巾裹住了小萧的面部,还把他按倒在地上好长时间,直到小萧没有力气再挣扎反抗,看到同伴不动换了,小飞吓坏了。幸亏被班主任及时发现,与学生将小萧抬着送到了学校医务室。当时小萧脸色煞白,已经不省人事。校医看到情况紧急,赶紧打了120,将小萧送往市医院。急救中心医生说,经诊断小萧是缺氧性脑病,经过吸氧、做高压氧及对症用药后,身体已恢复健康。急救中心医生还说,如果被捂的时间再长一些就有可能导致死亡。好家伙,这玩笑可开大发了!

针对这一现象,我们立即召开全校师生大会,再次强调了安全的重要性,并重点告诫学生今后同学之间开玩笑,一定要注意分寸,否则后果不堪设想。

我们还给学生讲了一个例子,叫学生无论如何要引起重视,有时小玩笑是会害人命的。在别的学校,有位同学小伦下晚自习回宿舍,他像往常一样往脸盆里倒好水,准备先洗把脸,再洗脚,然后上床休息。这时,同宿舍的小志看到了盆里有水,就开玩笑地迅速将自己的脚伸到小伦的洗脸水里。小伦不干了,两人发生争吵还抓打起来。巡视老师见到了,将他俩拉开,并批评了小志,随后劝他们赶紧歇息。见巡视老师走远,觉得开玩笑吃了亏的小志故意用肩膀撞了小伦一下,觉得还不解气,就又给了小伦一嘴巴。这时,怒气已经上来的小伦见小志还准备拳打脚踢,就迅速掏出了随身携带的刀子刺向小志的胸部。已经被吓傻的同学中，有一人迅速报告老师。小志被老师同学迅速送往医院，但因抢救无效死亡。经鉴定，小志系左肺、心脏及肝脏破裂失血性休克死亡。最终结果，小伦被判有期徒刑10年，赔偿受害人家属经济损失5万元。这真是"一失足成千古恨"，其大好青春年华，将与铁窗为伴。

这虽然是一个特例，但足以说明，如果开玩笑过火，双方又不够理智，代价是多么的惨重。

我们又对"开玩笑不当"这一话题，展开调查，调查中发现，在学生中还有两种现象比较普遍：

一是有的同学以取笑人缺陷为乐，认为是开玩笑。比如：有的同学就因为"你黑得像掉进煤堆里，我们都找不到。"这句玩笑话付出了代价，从小一起长大的发小，不仅用拳头打伤了他的眼睛，而且还与他彻底绝交了。

"我们班每个同学几乎都有绰号。"一名初三男生说，"比如小生，每到冬天，他的脸就会被冻得紫红，我们叫他茄子。小倩，她的两颗门牙凸出，我们叫她龇牙。我们班还有四位又胖又壮的高个女生，我们叫她们四大金刚。"

二是学生之间还有可能通过手机互相发那些开玩笑的、无聊的整蛊、骚扰的信息。比如："我昨晚梦到你了：我们漫步在小河边，相互依偎着。你抬头凝视着我的眼睛，深情地吐出三个字——汪、汪、汪。""你拥有梅花一般的高贵、冰川一样的气质、与众不同的内涵、无人能及的冷酷，于是我们大家尊称你为——梅川内酷。""祝你一路顺风，半路失踪；祝你笑口常开，笑死活该；祝你天天开心，两腿抽筋；祝你万事如意，处处碰壁。"等等。

年轻人，尤其是男孩子往往容易冲动，当玩笑开得过火后，就会造成极大的危害。有些受不了玩笑的人往往主动攻击性特别强。这类人在小时候缺乏自我保护的有力手段，因而总是处于受欺负的弱者地位。久而久之，他对别人有着一种潜意识的敌意，他爱用"主动攻击"或"加倍反击"的方式来确立他的"强者"、"不好惹"的形象。

拿别人的缺陷起绰号开玩笑的，也多以男孩子为主，这些男生大多身强力壮，他们开玩笑的目的性很强，要么是为了逗乐，要么是为了羞辱对方。孩子们拿缺陷开玩笑，则大多关系比较亲密，有的则纯粹是为了逗乐子。

本来，朋友、熟人之间适当地开开玩笑，可以活跃气氛、融洽关系、增进友谊。但开玩笑一定要适度，要因人、因时、因环境、因内容而定。但是坚决不能拿别人的生理缺陷开玩笑。每个人在生理上、心理上都可能有一些缺陷，这些缺陷会使人遗憾、烦恼、痛苦、自卑。一个有良好道德修养的人是不会把人的这些缺陷当做笑料的。

"好的玩笑使人开怀大笑的同时，可以使人缓解内心紧张、焦虑的情绪，获得情绪能量的释放。"为什么总有人爱拿别人的缺陷开玩笑呢？心理专家指出，这些人大多是不自信的人。他们做起事来，不顾及别人的面子，有时甚至打击别人，以攻击别人建立起自己的自信。心理学家还发现不自信的人由于不能悦纳自己、尊重自己，因此他们容易以一种厌恶和挑剔的眼光去看待别人，容易通过打击和嘲笑对方的缺陷来获得自我的心理平衡。

还有，同学间发条短信、开个玩笑是完全可以的，也有助于同学间良好关系的维持。但无聊的整蛊、骚扰信息基本已超出了"正常"的范围，是对对方的不尊重，有的会伤害对方的自尊心，造成不必要的麻烦，从而影响正常的同学关系。经常发这类短信，还耽误时间，影响学业。

吴老师的家教锦囊

家长一定要教育孩子，懂得开玩笑适度，懂得尊重别人，因为这也是一个人有修养的表现。一个人能悦纳自己，也就容易接受别人。一个能和自己友好相处的人，也能和他人友好相处。自信是处理好人际关系的根本。专家告诫我们，作为青少年，我们要理解人与人之间客观存在的差异性，懂得每个人都有自己的优势和长处，但同时也有自身的不足和短处。要在学习和生活中学会正视、欣赏别人的优势和长处，为他人的进步与成功喝彩。从而能够向更多的人学习、借鉴，以弥补自己的不足，推动自己更快更好地向前发展。

我们既然都需要别人尊重自己，那么我们同样应该让自己像自己希望所得到的那样去尊重别人，"大多数亲密关系的成功，直接与你能否做到移情或换位思考有关。要设身处地地站在他人的立场上看问题，善于了解他人的心理感受，健康的人际关系应该建立在相互尊重的基础上，而不是建立在相互贬低和嘲笑的基础上。尊重他人，关爱他人，这是我们应该具备的能力，这样做可以激发他人对你的尊重和友爱，而这些情感是形成良好人际关系的核心。

家长在教育自己孩子的时候，可以告诫他们：朋友、熟人之间适当开开玩笑，可以活跃气氛、融洽关系、增进友谊。但开玩笑一定要适度，要因人、因时、因环境、因内容而定。具体来说：

1. 开玩笑要看对象。俗话说："人上一百，形形色色。"人的性格不同，接受玩笑的程度就会不同。和宽容大度的人开点玩笑，或许可以调节气氛。但和女同学、心眼小的同学开玩笑，则要适可而止。

2. 开玩笑要看时间。俗话说："人逢喜事精神爽。"开玩笑，最好选择在对方心情舒畅时。当然，对方因小事生气时，你想通过开玩笑把对方的情绪扭转过来，也未尝不可。

3. 开玩笑要看场合、环境。在课堂上、图书馆、升国旗、开会等要求保持肃静的场合，不要开玩笑，尤其是在治丧等悲哀的气氛中，更不宜开玩笑。

4. 开玩笑要注意内容。开玩笑时，一定要注意内容健康，风趣幽默，情调高雅。在与同学交往中，忌开庸俗的玩笑。千万不要拿别人的生理缺陷开玩笑，例如不能以残疾人的生理缺陷取笑。

对于那些爱开玩笑的孩子来说：本来开玩笑的目的是为了让气氛轻松、关系融洽、大家愉悦，如果开玩笑的结果与此相悖，那么开玩笑还有什么意义呢？所以闹着玩一定要注意场合、分寸、气氛和性质。如果你总是开玩笑弄得别人不开心，你就需要反思一下自己的"玩笑"是不是玩笑，别人为什么生气？当别人认为你的玩笑冒犯了他，你以后就千万不要再拿敏感的话题开玩笑了。

60后 PK 90后
——偶像崇拜不限于青春

这是一位高三同学的家长登在校刊上的文章：

我和女儿各时期、各自的崇拜对象

20世纪70年代初，全国掀起了"学黄帅、反潮流"运动，正值我上小学四、五年级，便把黄帅作为学习的榜样，在日记中都写到：要做革命的小闯将，不做革命的小绵羊。

70年代中期，敬爱的周总理刚刚去世时，上初二的我对他并不太了解。随着以后报刊杂志、电影电视的不断介绍，我深深地爱上了这位伟大的无产阶级革命家，他以自己独具魅力的人格，不仅赢得了全国人民的爱戴，也为全世界人民所敬仰。同时也为这样一位伟人、美男子没有后嗣而感到惋惜。

70年代中后期，上初中，经常学工、学农，到农场参加劳动。对雷锋无限崇拜，以学习雷锋"把有限的生命投入到无限的为人民服务中去"为己任。

80年代初上高中及师大，读了青年女作者张抗抗的《夏》《去远方》等小说，便有了要当作家的愿望。甚至笔名都起好了"薛亢"（学习张抗抗）。

80年代中期，看电视连续剧《上海滩》，迷上了许文强的扮演者周润发，感觉他举手投足如此帅气，尤其难忘他很潇洒地从西服口袋里掏出白色手绢擦嘴的动作。看了日本电视连续剧《血疑》，对山口百惠、三浦友和也倍加好感。

80年代中后期，看了电影《杜十娘》《人到中年》等，记住了潘虹那双灵动的大眼睛。

80年代后期，第一次在《编辑部的故事》里看到了客串演员濮存昕，便感觉他有一种很吸引人的魅力。时至今日，正如报纸上介绍，他现在已成了中年妇女的崇拜偶像。

90年代初，看电视大专辩论赛认识了杨澜，以后她又主持了《正大综艺》等节目，很欣赏她的才华——机敏的谈吐、优雅的气质。

90年代中期，为平民出身、自强不息的武打演员成龙所陶醉，以至于买了他做广告的"爱多"牌VCD。

90年代中后期，看了崔永元主持的电视节目《实话实说》，喜欢上了他那幽默的谈吐风格。无独有偶，当李咏在《幸运52》中尽显诙谐之能事，也颇得好感。尽管他俩其貌不扬。

21世纪初，小巨人姚明在美国NBA赛场上独领风骚，大长中国人民的志气；歌唱家宋祖英在世界音乐殿堂维也纳成功举办了独唱音乐会，把中国的民歌演绎得如此完美，令外国人倾倒。

1990年出生的女儿两三岁时看电视鞠萍姐姐主持的少儿节目最多，经常把鞠萍姐姐挂在嘴边。

四五岁喜欢看蔡国庆演唱的《三百六十五个祝福》《北京的桥》等歌曲。还愿意看倪萍主持的《综艺大观》，一到周末就迫不及待地开电视。

上小学二三年级，看了电视连续剧《三国演义》《水浒传》崇拜其中的林冲和赵云。

三四年级，自己喜欢打乒乓球，爱屋及乌地喜欢上了英俊潇洒的孔令辉，电视中凡有他的比赛，无论是直播还是实况录像，那是每场必看。

从五六年级开始，越来越迷上了体育比赛节目。国内非常看好体操明星李小鹏，国外更是为英格兰足球明星欧文而疯狂。除了看世界杯足球赛外，更关注英超联赛战况，尤其是小将欧文所在"利物浦"（开始总被妈妈称作非利浦）队的战绩更是牵动着女儿的心。期间澳大利亚游泳名将索普也曾极为迷恋。

上初一后，看了金庸的武侠小说《射雕英雄传》及同名电视剧又喜欢上了憨厚善良、武艺高强的郭靖，甚至不顾父母的反对，把书带到学校去看，挨了老班一顿批评。

上初二又把视线转移到乒坛新秀王皓身上。为他迷人的大眼睛、为他忠厚腼腆的样子而痴迷。很希望他被选上参加奥运会。

| 好父母　好朋友 |

从网上下载了李小鹏、欧文、王皓三人的若干幅照片，每幅照片上拟出标题，时不时地欣赏一番，以此为乐。

随着女儿的长大，我们的共同语言越来越多，能够一起探讨文学名著中的人物，共同欣赏一场体育赛事，为一首歌曲而评论等等。

前几日，母女俩一同看了央视体育栏目《名将之约》后，又一同被击剑选手、现在是教练的王海滨迷倒。不仅仅是因为他帅气的外表，更因为喜欢他内敛的性格以及赛场上神勇的表现。

……

曾在网上看到一则因偶像崇拜走向极端的消息：疯狂追星女杨丽娟自1994年迷上刘德华后，父母为达成女儿心愿倾家荡产。父亲去年为给女儿筹募旅费，甚至想到了卖肾；如今，杨丽娟已如愿当面见到刘德华，可仍不满足于只与偶像留影纪念。3月26日，其父在香港跳海自杀，留下的遗愿竟是希望刘德华再见女儿一面。此等激进行为，甚至有媒体惊呼："她不是一个人在追星！"

说到偶像崇拜，人们普遍认为，这是青少年成长过程中的一种普遍现象，是青少年精神生活的重要组成部分。尤其是近年来，随着"粉丝""玉米"等偶像崇拜者的专用词汇在现今的青少年中流传，偶像崇拜已然成为青少年亚文化的突出代表。

很多狂热的中学生给偶像写信，参加明星俱乐部，模仿偶像唱歌、着装，收集偶像的私人资料，偶像崇拜者们对此乐此不疲。其中由于盲目、狂热而导致的负面影响屡见不鲜。

当我们看了上面那位家长的文章后，可以看出，偶像崇拜不仅仅是年轻人的专利，无论是哪个年龄段的人，都有特定时期的欣赏和崇拜对象。它是一种由文化、教育、媒体引起的，只是在青少年时期表现更为突出的、一个必不可少的心理现象。

大可不必对年轻人的偶像崇拜横加干涉。关键是家长、老师和学校要认真研究中学生偶像崇拜现象，指导孩子正确处理"追星"与学习及身心健康的关系，建立正确的人生观、世界观。

第六章 做孩子知心朋友，从深入了解开始

吴老师的家教锦囊

我以为我们家长首先要了解自己孩子产生偶像崇拜的原因，然后有针对性地进行正确引导。

我们注意到，有些媒体传播中没有考虑青少年的健康发展要求，他们只是一味地传播青少年认可和需求的产品，而忽略了供应适合他们的充满社会关怀的媒介内容。

我们做家长的就要引导孩子，除了注意媒体上对明星们成功后的事实报道，更要关心这些公众人物成功背后的故事。因为，每一个人的成功，其背后可能都有艰辛曲折和努力。"成功的花儿，人们只惊羡她现时的明艳。然而当初她的芽儿，早已浸透了奋斗的泪泉，洒遍了牺牲的血雨。"（冰心语）

孩子知道这些，实际上就为他提供了一个观察学习的渠道，使他们更加了解他们喜欢的明星是怎样一步步走向成功的，对孩子的成长应该是大有裨益的。

另外，引导孩子多注意搜集报道公众人物良好的生活态度和对社会的贡献，如珍惜人生中的美好情感，如何对待亲情、爱情、友情等，面对人生的重大变数如何沉着去面对，以及明星对公共事业和慈善事业所做的贡献。这些都可以使孩子们从一些偶像身上学到许多对自己成长有价值的东西。

同时中学生朋友们，当你在崇拜他人的同时，也要不断地完善自我，提高自身的素质，具有自我教育的能力。

1. 认识自我，要形成一个正确的偶像认识。当你选定了一个偶像崇拜对象时，不要只是满屋子挂满了他的照片就满足了，而要做到：首先要了解自己，发现自己的特质，加以肯定的同时，对比偶像发现自己的差别，反省自我，发展自我。在古希腊德尔斐的一个神庙前树立着一块石碑，碑上镌刻着一句名言："认识你自己。"它告诉我们，一个人在有目的的生活中，要正确地分析和判断周围的客观环境，而且更应科学地认识和把握自己。

2. 不断丰富自己的内涵。在中学阶段，是学生心智发展的重要时期。作为学生，在接受系统的文化科学知识的同时，一定要坚持多读有益的课外书籍。英国哲学家、思想家培根说过："读史使人明智，读诗使人灵秀，数学使人周密，哲学使人深刻，逻辑修辞学使人善辩，凡有所学，皆有性格。"

进行广泛的阅读，不仅可以扩充知识面，增加生活的阅历，还会提升自身的整体思想和水平。这样你才会用理性的态度分析明星，用批判的眼光审视偶像，才会逐步告别盲目，走向清醒；告别疯狂，走向理智；告别幼稚，走向成熟。当你取众偶像之长，重新塑造自己的时候，没准你哪天就会成为别人的偶像呢！

3. 加强与父母和老师的交流与沟通。随着年龄的慢慢增长，独立和反叛的意识也越来越强，但其思想还不太成熟。有时在理解"独立"时，似乎就是要把长辈"抛开"自作主张，甚至是跟父母和老师对着干，认为"我的偶像我做主"，有时还声称父母和老师不能"理解"自己。

毕竟，父母和老师的知识、经验较多，生活阅历也很丰富，看问题一般比较理性和全面。所以，应该相信自己的父母和老师，主动将自己的想法告诉他们。把在成长过程中遇到的各种矛盾和困惑多与父母和老师进行交流与沟通，多听取他们的建议，这对于自己的成长是大有裨益的。

反思我们对中学生"偶像崇拜"行为的评价或担忧，更多的是埋怨与抨击，做老师和家长的应该审视我们对这类言行的教育和引导方法，应该给他们更有战略性的文化建设方案、更符合孩子们现实需求的教育办法，来推进我国青少年阶段的人生辅导和素质教育。

孩子撒谎的背后
——家长要透过现象看本因

今天我们"家长学校"讨论的话题是"怎样看待孩子的撒谎"。我们请到了市青少年心理咨询专家李教授与大家一起座谈,就这个话题畅所欲言,请教专家。

家长一:我是初二(3)班小尧的爸爸。我儿子以前特别爱撒谎,无论是大事小情都对我和他妈妈隐瞒。开始我们非常着急生气,也没少制裁孩子。后来,我们静下心来想一想,孩子往往都是在做了错事时才有可能对我们撒谎。为什么呢?孩子怕受到伤害啊!因为以前孩子做错了事情以后,我大多是不问青红皂白就会一顿拳打脚踢,他妈妈则是唠唠叨叨,不依不饶。

后来,我们试着改变了以前的态度和做法,孩子犯了错误,我们心平气和地帮他分析做错事的原因,还让他保证下次不再犯类似错误。没想到起到了很好的作用,孩子基本不再说谎了。

专家:有些做父母的,每逢孩子做错了一件事,便要骂孩子或打孩子。孩子怕骂怕打,便用说谎来掩饰自己的过错,这种掩饰得到父母的宽恕后,于是第二次第三次做错事时,便再说谎来求得宽恕了。

父母的态度和言行不应该引起孩子用谎言为自己辩护的心理动机,也不应该有意提供说谎的机会。孩子说谎,我们的反应不应该是斥责和惩罚,而是就现有的事实向孩子讲解,使孩子懂得和感受到没有必要对我们说谎。

这位家长转变态度很对。孩子撒谎很有可能是遇到令他为难的事实,而这一事实可能会引起一系列结果，影响父母或老师对他的态度，孩子很自然会选择一个相对自己有利的表达方式。所以，家长不要一味认为撒谎是孩子的错，而要将之视为孩子的一种求助信号。

家长二：我女儿14岁，正念初二，这孩子经常撒谎，明明考试只考了60多分，她却告诉我们说90多分。现在她对学习越来越没有信心了，甚至和社会上一些游手好闲的男孩子有交往，真把我们两口子急得不行。其实我女儿挺聪明的，小时候学东西学得快着呢。现在我们真不知道怎么帮她把心思拉回到学习上来。专家帮帮我们吧！

专家：你女儿为什么要抬高考试成绩？很大程度上是因为你们对孩子期望值较高，你们想想是不是这样？如果达不到你们的要求，孩子可能会受到指责甚至打骂。而有的时候她如果达到或超过你们的要求，你们又会对她大加表扬甚至物质奖赏。所以孩子就会通过改动分数来取悦你们。

可以说，有时家长的态度左右孩子的行为，家长适当调整一下自己的心态和做法，就可以避免孩子的说谎现象。比如，孩子考试不好了，家长没有对孩子横加指责，而是静下心来，帮孩子认真分析试卷上出现错误的原因，找出改正的策略和方法，这时，孩子怎么还能对家长谎报分数呢？

家长三：我是初一年级小静的妈妈。我女儿很喜欢"超女"李宇春，近来一直在收集有关李宇春的一些小玩艺，比如：贴纸画、锁扣等。我和她爸爸不赞成她搞这些，认为这是乱花钱，当然也不可能满足她。可是，我还是看见她书包上挂着一些个性的钥匙扣，我免不了多问两句，她告诉我是"同学送的"。结果没想到，那是她自己挪用餐费买的乱七八糟的玩意。女儿对我们撒了谎，我们不知道该怎样去纠正她。

专家：孩子这是给你们玩了个移花接木的撒谎小伎俩。她就是想办法满足父母不能满足的需求。我觉得，你们应该设身处地替孩子想想，她愿做什么，能做什么，希望得到什么，家长一定要了解。对于一个十一二岁的孩子来说，这些小玩意就能给她带来非常大的快乐，而孩子因为喜好而生出的这些小要求，家长最好尽量满足。你想啊，也花不了几个钱！当家长了解了孩子的心理与需求后，你满足她了,她还用得着撒谎吗?孩子也会怀有感激之心的,甚至以后会变得听话懂事的。

……

我们想通过这个活动,使学生和家长既能认识说谎的危害,同时对这一现象背后的原因,有一个明确的认识。说谎是什么意思呢?说谎是作弊与欺骗在言语方面的表现。这种欺骗与作弊是最要不得的。

孩子撒谎,家长不可小而视之,它足以使个人人格破产。第一是损失自尊心。一个人是不能没有自尊心的,人失却自尊心,不看重自己,则自暴自弃,什么事都做得出来。第二是丧失信用、得不到别人的同情与帮助,正如《牧羊儿与狼》的故事一样。

孩子撒谎是一种常见现象,有的孩子是经常性的,有的偶尔为之。其动机大致可分为两种:一是逃避父母和老师的处罚,一是博取父母和老师的欢心。两者家长都不能掉以轻心,要找出原因,对症下药。

哲人罗素曾说过:"孩子不诚实几乎总是恐惧的结果。"从以上事例也不难看出,孩子不会无故撒谎。往往是因为家长管教比较严厉,双方沟通不顺畅,为了逃避责备、免除皮肉之苦才出此下策,而最常见的手段就是歪曲事实、夸大事实、捏造事实、虚实混杂、嫁祸于人。

吴老师的家教锦囊

有的家长说了,那当发现孩子撒谎时,我们该怎么办?一般来说,孩子撒谎与家长没有拿出科学的应对策略有很大关系。帮助孩子矫正撒谎的劣习,家长必须对症下药,除了找出撒谎原因外,在教育孩子时,还需注意以下几点:

1. 当发现孩子撒谎时,注意不要立即当众指责或教训孩子,最好另选一个合适的时间和机会,单独与孩子聊一聊撒谎会带来哪些后果。也不要轻易下断言,说孩子品德不好。

2. 容许孩子犯些小错,奖励孩子说真话,给孩子说真话的勇气。当孩子做了错事又怕父母生气而不承认自己的错误行为时，家长应该予以原谅，并让孩子做出保证，下次要及时改正，坚决不犯类似错误。否则，如果一犯错误就受惩罚，他会想方设法撒谎隐瞒错误，这样错误得不到应有的注意和矫正，而撒谎的习惯却会慢慢固定下来。渐渐地，他就会形成用欺骗行为来逃避责任的坏习惯。

3. 父母要以身作则，注意自己的行为，不要"教"孩子说谎。许多家长意识不到自己一些细小行为给孩子带来的影响。例如，不喜欢接待来访人，就让孩子告诉来访者说自己不在家。不经意之间就教会了孩子，为了逃避责任和惩罚，孩子就会采取说谎来保护自己。

4. 抓准第一次。当孩子第一次撒谎时，不要轻易下断言，了解撒谎的动因后再予以劝导。如果孩子说了谎，你也要认真纠正孩子的第一次。既不要暴跳如雷，也不能轻描淡写："不就是撒谎嘛，小孩子嘛！"更不能鼓励："哟，我的儿子还真有能耐，把我们俩都骗过去了！"这无疑给了孩子一个心理暗示，撒谎也是一种本事。

5. 对于屡犯错误的孩子，要观察其言行，落实事实，帮其明确撒谎的危害性。有时孩子为了不愿意做或不能做某事时，比如，有的孩子不愿意早起去上早读，便叫头疼呀，肚子疼的，用各种谎言去欺骗父母。这种谎言又往往得到父母或教师的同情，孩子暗自得意的同时，以后便也常用说谎去推诿了。

6. 营造和谐的家庭氛围，多给孩子一些理解，多学习一些与孩子沟通的技巧，多倾听一下他们的内心，让孩子信任父母，依靠父母，不必害怕讲出真实情况而受罚。另外，自己对孩子说话做事要讲诚信，答应孩子的事一定要做到。

很多家长对孩子撒谎的现象感到生气和苦恼，特别是对明显的说谎和死不承认的说谎尤其恼火。这就需要我们对不同的撒谎现象区别对待。有的孩子本身是天真、善良的，他们偶尔的撒谎，有时候可能只是恶作剧，有时候可能是在试探父母的心，有时候只是表达出他们的内心的一些渴望（比如吹牛、说大话），更多的时候是担心做错事会被惩罚。

家长们须牢记，对撒谎这个令人深感棘手的问题，从未有过容易的答案，尽管我们想尽千方百计，到头来可能仍发现孩子说谎。因此，在家长与孩子之间必须建立起相互信任的关系。

作为家长，开始时受到孩子的信任，随着孩子的长大，家长必须尽力继续争得这种信任。家长应该根据孩子的年龄和理解力，发现和矫正孩子的撒谎行为，以培养孩子诚实的品性为最终目的。可以说，孩子健全人格的建立和培养，关乎他们一生的幸福。

男生也会受歧视
——为"淘气"男孩鸣不平

一次和几位老师闲聊,他们对自己班上的男孩怨声四起,大多数老师都不愿意自己班上的男生多,认为男孩子难管理。

"我们班很多男生,上课就管不住自己,不是做小动作就是说话,要么身体动来动去,注意力一点也不集中。"

"现在的男孩子,笨还不说,还特别脆弱。课堂上回答不出问题,就会露出特别尴尬的表情,老师要是再说上两句,看起来马上就要哭了。"

"我班小振,总是一上课就要去厕所。后来我问他什么原因课间没去,他说一上厕所,回来就不能玩了。你说气人不气人?"

"男孩子普遍字写得歪三扭四,背课文背英语单词背历史题都特别慢!"

"他们就爱看漫画书,爱看电视,爱上网玩游戏。"

"我班一个男孩,在课堂上更是大声说话,戳戳这个同学,动动那个同学,搞得他周边的同学都受影响。"

"我班也有这样的男孩,你看吧,不光是上课,就连考试的时候,他也坐不住。手一会儿摸摸脸,一会儿又摸摸笔。坐在凳子上动来动去,屁股上像长了牙齿。"

……

老师们说的这些都是事实,但说来也是冤枉了一些男孩子。根据性别科学研究表明,男孩与女孩的大脑之间有很多很大的差别。而无论是在学校里还是在家中,男孩的天性没有得到承认,他们被迫放弃自己的视觉和空间技能、运动技能。随着时间的流逝,男孩们变得"安分守己"了,但他们的特殊天赋也终于被钝化或扼杀了。

第六章 做孩子知心朋友，从深入了解开始

很多男孩由于淘气、违纪和学习原因被勒令"请家长"，而家长呢，回家后就气急败坏地把儿子"修理"一顿，谁都没有意识到男孩的行为背后隐藏着深深的原因，可以说，我们的教育正在伤害着我们的男孩。

现在我也来为男孩子鸣一下不平吧，实际他们在集体受着"性别歧视"呢。我们通常说的性别歧视是指女性在职场和社会所受到的歧视，但在进入大学前，是男孩在受到性别歧视。

虽然现在进行了新课改，一再强调要进行素质教育，但许多学校仍然在素质教育的旗帜下继续着应试教育之实，这在很大的程度上是有利于女孩优势的发挥，而男孩的优势相对容易被压抑。学校的教育重记忆，轻分析；重灌输，轻方法；纸上谈兵多，动手操作少。

所以，尽管男孩到初中阶段，逻辑思维、空间想象、动手动脑能力都明显优于女孩，但在应试教育的环境下，男孩不仅"缺少用武之地"，还被认为是"问题多的学生"，受到的批评多，打击多。更有甚者，有的老师还打学生，挨打的大部分也是男孩。男孩的特性在学校得不到发展，将会对他们的心理健康产生很大的影响。

性别科学研究表明，男孩与女孩的大脑之间差别至少有100多处。我们来列举几处吧：

1. 男孩血液中的多巴胺含量较多，流经小脑的血量更多。这些因素是导致男孩在静坐和久坐的过程中学习能力总体上不如女孩。男孩更有可能从肢体运动中学习。

2. 男孩的胼胝体与女孩的体积不同，女孩的胼胝体能容许两个大脑半球间进行更多的交叉信息处理，可以同时同质量地完成多项任务。而男孩同时只能做一件事。比如：男孩在玩的时候或者做别的事情的时候，老师、家长叫他，他就像没有长耳朵似的。很多男孩为此遭到老师和家长的训斥。

3. 男孩与女孩大脑中的海马（大脑中的一个记忆存储区）的工作方式也不同。男孩需要更多的时间才能记住课堂上讲的内容，特别是写出来的文字内容。这就是背课文对男孩来讲是件困难的事一个原因。但是，因为男孩的海马更偏爱序列，在记忆大量序列和层次分类的信息时就非常成功！

| 好父母　好朋友 |

4. 男孩的额叶没有女孩活跃也没有女孩发育得早，所以，男孩容易作出冲动的决定。

5. 男孩主要的荷尔蒙是睾丸激素，它在中学和高中期间达到很高的水平。睾丸激素可以提高男孩空间—运动知觉的发育和右侧大脑中心的应用。

6. 在完成任务的休息时间，男孩的大脑会进入一种"睡眠状态"，使自己恢复、补充能量后为完成下一个任务做好准备。

7. 女孩在阅读和写作上平均比男孩超前一年到一年半，而这一距离从童年早期开始贯穿整个学习生涯。很多男孩的大脑天生不能很好地适应那些强调阅读、写作、复杂的组词造句的教学方式，尽管这些技能是所有文化不可或缺的。

8. 男孩的荷尔蒙、神经性、心理特点和他们空间——机械的大脑决定，男孩只喜欢读他们感兴趣的书，对于自己不喜欢的书往往采取排斥态度。

吴老师的家教锦囊

我们了解了以上特点，就不难理解为什么男孩子出现的种种为我们所厌烦甚至是不理解的表现了。家长朋友们，如果你家是男孩子，那么你不妨根据他们心理和生理的特点给予正确的引导了。了解了以上列举的男孩与女孩的大脑之间差别的内容，我们可以分析如下，从而对自己的孩子也多一点理解。

1. 用听课的方法进行学习的时候，男孩就没有女孩的效果好。那种动手又动脑的学习方式就比较适合男孩。为什么男孩在动手做物理化学或生物实验时表现更佳呢，原因在此。

2. 知道孩子这一特点，就不要经常对孩子大吼一声"你听到没有？你没有长耳朵呀？"甚至心情不好的时候给他一脚或一巴掌。这样做的惨痛代价是：你会打扰了孩子，破坏了他注意力的形成。

3. 男孩逻辑思维能力比较强。这就是许多男孩子理科比较好的缘故。逻辑思维能力不仅是学好数学必须具备的能力，也是学好其他学科，处理日常生活问题所必须的能力。

4. 要教育男孩克制冲动。虽然知道"冲动是魔鬼"，但他们有时无法克制自己，容易感情用事，冲动起来行为往往不计后果。这不仅仅表现在男孩子爱打架上面，比如有时做一项决定，他们也是凭借冲动做出的。比如，开运动会，有的男孩不顾自己的身体条件等，一冲动就报了不适合自己的项目，等等。要加强对他们的"自控教育"，才能有效避免因冲动犯错和犯罪。

5. 也许你的儿子到上初中或高中的时候，突然特别喜欢打篮球。家长认为这是浪费时间，要参加中考或高考了，每一分钟都要用在学习上。结果和儿子爆发了激烈的冲突。在这个时期的孩子，应该多进行体育锻炼，让男孩有机会发泄掉由于荷尔蒙激素给他带来的烦躁。哈佛医学院教授莱特伊说："体育锻炼本身不能使你更聪明，但它能使你的大脑处于最有利于学习的状态。"

6. 大部分未完成作业，在课堂上停止做笔记或睡觉，或者以摆弄铅笔等小动作，或坐立不安等方式进行自我刺激的学生都是男孩，这样做的目的是为了保持清醒以便继续学习。看来我们都错怪了我们的男孩，总以为他们是故意违纪的。

7. 阅读和写作对女孩而言显得比较容易。但对男孩而言就成为比较困难的事情。这就是为什么男孩大多不愿意学习文科内容的原因。

8. 大多数男孩喜欢读充满空间——运动知觉活动的书，如恐怖电影、科幻小说、体育传记；还有那种令人兴奋、神秘、充满阴谋和在正义与邪恶之间最终决一死战的内容的书；技术或机械类的书，如科技类的书；图解或视觉类的书，如漫画书。只有当男孩进入大学时，他们的大脑发育趋于完成，这种现象才会消失。所以如果你想让你的儿子喜欢读书，就不要把你开的书单强加给你的儿子。

男孩需要成长的空间，这个空间包括学习的空间和心灵的空间。我们家长要给儿子理解多一点，宽容多一点，自由多一点，给男孩"最少的指导、最大的耐性和最多的鼓励"。如果能从父母身上得到充分的理解和支持，男孩会比女孩更早地走向独立。

教育心理专家说："当一个男孩体内的每一根神经都催促他去跑去跳时，他却必须坐得端端正正、把手背在后面听8个小时的课。"从生物学角度看，男孩每天大约需要4次课外活动，而在我们的教育中，男孩能一天有一次就算不错了。

旅美教育专家黄全愈在《怎样培养后劲十足的孩子》中说："什么样的家庭更适合孩子的发展呢？最理想状态就是家长本身不墨守成规，家庭内部就有支持创新、鼓励创新的氛围。如果家长本身没有创新精神，也应该凡事想得开，心胸宽广，不过分管束孩子。如果家长没有时间和精力管束孩子，那就从客观上为孩子创造了一个自由宽松的环境。未来真能成就一番事业的人，很可能就出自这样的家庭。"

看看吧，原来很多男孩们是在一时冲动惹出麻烦或做错事的过程中学习，他们在忍受歧视、常受呵斥的情况下，愈挫愈奋成长为男子汉，成为律师、医生、运动员、飞行员、公司经理人等等，最终推动人类社会的改革与创新的。

不过，看到这篇文章的男孩子们，你们可不要以此为借口，将自己的恶习愈演愈烈啊，你们应该适当地学会克制自己，改变一些生理不适带来的种种不良行为。要知道，成功者，还包括那些有坚强毅力克服自身弱点的人噢！

只聪明不认真
——别拿"马虎"当小错

小陈刚分到学校不久,担任初一(10)班班主任。她来借青少年心理学方面的书。我们聊起了他们班学生情况。

"吴老师,我们班有几个学生非常聪明,就是有马虎的毛病。小怡学习很努力,也很聪明,但成绩总是上不来。考试时马虎得不得了,难题一般不会犯错误,简单题不是所问非所答,就是不写单位。

还有小明,活泼好动,天资聪慧,数学竞赛拿过奖,但是一到平时考试,却总是错题百出,他总是在阅读题目时加字、漏字。所以在考试的读题过程中就没办法顺畅理解题意。更有甚者,有时他还会读题只读一半,丢题。就连他最喜欢的数学,考试也是常常错把加号看减号,减号看加号,所以成绩总是差强人意。"

"是啊,在每一次的考试过后,我们总能听见学生类似'这道题我会,就是结果算错了'的议论声。但下次考试的时候,仍然不注意。"

"小明的妈妈也说,我家孩子很聪明,就是经常马虎,这不是什么大问题,以后细心点儿就可以了。"

"很多学生和家长经常忽略这些问题,并且总是拿'马虎'作托词,从不去探究为什么'马虎'、'马虎'在哪儿。"

"确实是,马虎的毛病可以酿下大错,导致严重后果。我的一个同学曾经把高考试卷的准考证号填错了,最后该科目得了零分,这样的教训真是太惨痛了。吴老师,他们这么马虎,那是什么原因造成的呢?"

"马虎应该主要是态度不够认真造成的吧,觉得凡事差不多就行了,长此以往就容易忽视很多问题。再有,书本上的陈述性知识仅需要学生去记忆,但程序性知识学生必须在记忆的基础上学会应用。大多数学生所谓的'马虎'问题其实不是因为粗心大意，而是根本没把知识夯实，根基没有打好，这就是很多学生做选择题总是在两个选项之间徘徊的原因。"

"是的，我还发现，有些学生也是因为太过自满，追求的是考试第一个交卷子，作业第一个完成。他们比拼的是速度，但是忘记了仔细检查也是很重要的方面。那您分析一下，有什么好的办法帮助他们克服吗？"

"我们做老师的，可以把知识进行分类，然后根据学生做题时的错误记录来分析他们对知识掌握的情况，让学生把知识彻底地'吃透'，等高年级了，学生应该养成自觉总结归类的好习惯。"

"现在就快期末考试了，您对学生有什么好的建议吗？"

"期末复习期间，要夯实基础，多看以前做错的题，研究其究竟错在哪儿，从而挑出到底是哪个知识点没有掌握好。学生要跟着老师把学过的章节都回顾一下，查缺补漏，反复记忆，千万不要再'马虎'了。"

……

时常听到教师、家长抱怨孩子学习太粗心，经常出现诸如抄错题目、看错要求、漏答试题等低层次错误，不少学生也常常将自己考试成绩不佳归结为自己的粗心，并信誓旦旦地保证下次不会再犯，可是下次依然如故。这种低层次错误高频次、大面积产生的原因果真是因为"粗心"么？这种所谓的粗心背后到底隐藏着什么呢？

我曾做过调查发现，学习成绩处于中上等的学生，特别是平时学习比较努力的学生，在考试中"马虎"现象出现得更多一些。考试结束时，他们常认为自己解答比较顺利，应该取得比较满意的成绩。可往往试卷发下后，他们却发现自己的成绩很低。当老师讲解到自己解答错误的试题时，常常遗憾地说："太马虎了！我怎么忘了去括号时括号内所有项都需要变号呢？""太马虎了！把问题条件看错了，以为是昨天做过的习题呢，原来他把条件给换了！""这个试题我以前会啊，当时我记得答案与老师的一样啊，怎么就把答案写错了呢？"等等。

有很多聪明的孩子是难题一般不犯错误，说明他们的脑子很灵，而且有一定钻研解题的能力。但总是简单题上出问题，原因有：一是急于求胜，想更好地完成问题，结果把简单的问题弄复杂了；二是对问题还没有形成系统化的知识体系，平时把精力都放在复杂题上而轻视了简单题，结果导致基础不够扎实；三是可能有粗糙处事的习惯，不注意小节。所以有时做完题，连"单位"也不写就匆忙交差了。

吴老师的家教锦囊

家长要引导这种类型的孩子学会总结几个平时容易出错的知识点，把基本概念弄清楚，熟练掌握并能灵活应用。同时多做几遍例题，把常规解题思路理解透彻；为了减少考试的出错率，临考前可以适当多做几套模拟题，同时注意要重视检查，只有认真对待，才能真正提高准确率。

需要特别指出的是，有相当一部分易犯这类"低级错误"的孩子，在日常学习生活中，还容易出现程度不同的注意力不集中、容易烦恼暴躁、为小小琐事就发脾气、不愿或不会收拾书包、喜欢独处、看电影电视高兴时会又叫又跳、很怕黑暗、偏食挑食、害羞、遇到陌生人紧张、做事情或运动中容易出现"磕磕碰碰"或显得有些"动作笨拙"、平时与人交流中会比较自我，对老师、家长的帮助显出不合作的情绪行为特点。

所以，提醒家长朋友们，孩子良好的学习习惯要从小得到有效培养。很多孩子的马虎问题并不是到了高年级才发现的，其实多数是从小就发现而未得到正确的矫正，反而在家长的不断埋怨、数落中又"强化"了这一行为而产生的反应模式。

我们建议家长可配合学校老师，找一部分训练题，让孩子在规定的时间内完成，家长配合孩子仔细地批改一遍，再看看问题出在什么地方，让孩子反思做题中出现问题时的思维过程，然后仔细想一想怎么解决。过一段时间后再按这样的方式来检验。

如果是因为平时太过重视难题，对基础题不重视，就要选择一些基础题，在解决基础题的基础上再来解决难题，这样，孩子身上存在的问题可能会有改观。如果是平时不能很好地处理细节，就要在解决细节上下工夫。

通过提高孩子对马虎危害的认识，教孩子学会自我检查，一定要养成认真检查的习惯。当做完作业或答完卷子的时候，要在心里反复提醒自己，一定要认真地检查每一道题，一定要仔仔细细地看，精神要全部集中，一定要把作业做对，把卷子答好。孩子如能经常这样反复告诫自己、提醒自己，就能慢慢养成耐心细致的习惯，从而克服马虎的毛病。

另外，告诉孩子草算纸不要太草，最好也像作业那样整齐清楚，这样便于检查的时候对照；教孩子作业和考试中"认真审题，注意埋伏"；教孩子学会"解剖习题"等方法。如果孩子学会了这些具体解决问题的方法，对他们改正粗心的毛病也是大有益处的。要知道，这里教给方法比端正态度更重要。

最后吴老师再提两个克服马虎的小建议：

一是建立一个"错题集"，让孩子把每次做错的题都抄在一个本子上，一方面帮助他们复习错题，一方面也能认识到错误的危害和数量，下决心改正缺点。

二是经常让孩子出题考考家长，家长马虎做事受到孩子批评也是一个很好的侧面的教育方法。

马虎在许多人身上都存在着，如果不改掉这个毛病，考试失败、成绩不好还是小事，踏上工作岗位，会因马虎给工作造成巨大损失。

前苏联一艘宇宙飞船失事，当地面监测人员发现故障时，让宇航员留下遗嘱，这名宇航员说："我告诫所有的学生，千万不要马虎，这次宇宙飞船的故障就是由于数据出现了一点小小的误差造成的。"难道这样惨重的教训还不能引起爱马虎的人的重视吗？

小马虎们，请你再也不要为自己的马虎行为开脱了，要知道小马虎也会酿成大错误的。通过科学的方法，改掉你的马虎、不认真的坏毛病吧，是时候了！

一封特殊的 E-mail
——给家庭不幸的孩子以"有幸"

上网后,我像往常一样打开了自己的邮箱,首先点开了一封"早年毕业的学生向吴老师问好!"的邮件:

敬爱的吴老师:

教师节快要到了,祝您节日快乐!

我是您很多年前教的学生小勋,也许您早已经忘记我了,但我仍然对您非常敬重。我是通过学校网站了解到,您现在不再教语文课了,而是做起了学校的心理咨询教师,我相信您做这项工作是非常称职的。我从同学那里辗转打听到了您的邮箱,冒昧地给您发了这封信。

虽然我对您充满感激之情,但我这么多年来并没有与您联系,因为我曾暗暗发誓,等自己混出个样子来时,再向您报告喜讯。我现在是在北京,大学毕业,我在一家公司干了两年后,现在辞职开了一家网站,专门为孩子们推荐有声读物,我现在的事业已经起步,正做得有声有色。

吴老师,我有许多话想对您说呢。

上初中的时候,我知道自己是班里老师最头疼最讨厌的孩子,只有您没有嫌弃我,所以,初中给我的记忆就只有语文课了。课上您津津有味的讲解,尤其是您声情并茂的朗读,给我留下了非常深刻的印象。

我是一个不幸的孩子,但又有幸遇到了您这位好老师。

还记得那次吗?我因为上课故意捣乱,妈妈被班主任叫到了学校,在办公室里我挨了一顿批评之后,您悄悄把我和妈妈叫到了一个僻静处,现在我还记得,就是咱们学校北楼楼梯拐弯的那个角落。

| 好父母　好朋友 |

您拍着我的肩膀说："小勋，你们家的情况我也略知一点，你真是一个不争气的孩子啊！"

妈妈声泪俱下地说："小勋啊，妈妈这些年带你容易吗？你就不能少找点事，叫妈妈少操点心吗？吴老师，你说我对这孩子真的是一点办法也没有了，他不知道学习，一天到晚惹是生非。打已经打不得了，他现在比我还高呢，骂也一点不管用。你说这叫我怎么办呀？！"

"你知道孩子的苦衷吗？"妈妈一愣。而就是您的这句问话，叫我的心一下子就热起来了。您继续说，"其实，一个十几岁的男孩子，最想得到的是爸爸的关爱，可是孩子没有得到，你说，孩子能不痛苦吗？更何况他爸爸又是这样一种情况。"

"是啊，吴老师，我也是很无奈啊。您知道吗，这么多年是什么支撑着我一直带着孩子坚持到今天，没有和他爸爸离婚，没有重新找人，就是这幅画啊！"

我妈妈说着，从她的钱夹里掏出一张折叠整齐的纸片递给了您，我也看到了，那是我上小学三年级时，爸爸刚刚被抓走那天，我趴在床上哭啊哭啊，哭够了，就画了一幅这样的画：两边两个大人，中间一个小孩，他们都手拉着手，我还写上了"我爱我家，我爱爸爸妈妈"。没想到，妈妈一直珍藏着。

我记得清清楚楚，您看到这幅画以后，眼圈也红了。您就问我："小勋，你想爸爸吗？"我使劲点了点头。

您接着问我："小勋，不管爸爸是因为什么原因进去了，他现在一定后悔死了。你知道爸爸最希望你是什么样的孩子吗？你知道他出来后，最想看到你是一个什么样的孩子吗？如果爸爸知道你现在是这样的自暴自弃，他愿意吗？"这些话，真的是击中了我内心深处最大的痛楚，我当时就流下了轻易不肯掉下的眼泪。

妈妈这时也将我搂在怀里，对我说："小勋，对不起，以前妈妈只是对你不好好学习感到很不满意，并没有真正关心你是怎样想的，没有想想你的感受。妈妈光顾得在商店里忙活了，有时去外地进货，就把你一个人丢在爷爷家里，他们管你吃住，可是他们不会关心你是怎么想的。本来，你小学学习那么好，就是爸爸出事以后，你学习成绩越来越下降了。妈妈只是打你骂你，却没有想想是什么原因造成的，不知道你心里有多难受。现在妈妈明白了，妈妈不再逼着你非要考多少名次了，你只要尽自己的努力学习，做一个听话的好孩子，妈妈就心满意足了。"

148

第六章 做孩子知心朋友，从深入了解开始

"老师知道你有时可能有许多烦恼要找人说说，妈妈忙的时候，吴老师愿意做你的好朋友，你可以经常找老师来聊聊天，好吗？"

您又转向妈妈说："你现在的想法很好，的确是这样，孩子的学习成绩在其次，他的身心健康才是最重要的，我们做大人的首先应该关心的是孩子是不是每天快乐。我相信，孩子心情好了，他才愿意将精力投入到学习中来。"

您的话是那样中肯，这怎么能不打动我呢。正是这次谈话，您改变了妈妈对我的态度，而我也就是从那次以后开始逐渐转变了啊！

……

做教师这么多年，我接触了许多家庭不幸的孩子，他们共同的特征是：少言多疑，自卑胆怯，喜欢独来独往，几乎不与同学交往、交流，整日生活在一个自我封闭的圈子里，学习成绩也往往中等偏下。正像小勋一样，这主要是因为他们幼小的心灵曾经受到过强烈的打击或伤害，因而产生一些与其年龄不相称的想法和观点。这些孩子往往呈现出两种极端的心理现象：有的是说话做事显得少年老成，对什么都一副无所谓的态度；有的则是说话做事显得简单幼稚，完全凭一时冲动说话做事。

不幸的家庭，对于孩子来说，最大的伤害不只在于肉体，更在于对孩子心灵和人格的摧残。尤其是像小勋这样，有一个不光彩的爸爸，多年只与妈妈在一起，长期生活在冷漠、压力和惧怕中，妈妈又不分青红皂白地总是打骂他，责备他，就会更进一步地使他们陷入自责、沮丧和痛苦的恶性循环当中。因此，他们在人格上的一个普遍障碍就是自我价值取向相对较低，有严重的自卑感和恐惧感。他们会觉得自己不够好，会觉得自己不够重要，会觉得自己不如别人，会感到四周的环境不安全，同学老师对自己不友好。

而更加不幸的是，孩子这种在精神上的沮丧、压力和惧怕，很多大人根本就注意不到。因为不快乐的家庭的一个共同特征就是漠视内心感受，家人之间很少有专心的沟通。有的父母可能会有模糊的担忧，但因为不善于与孩子交流沟通，因此无法获取准确的信息。很多人更愿意回避这种担忧而自我安慰：孩子没什么心理负担吧？大概没自己想得那么严重吧？

吴老师的家教锦囊

多么希望，家长和老师们能对这些并不是自己原因造成不幸的孩子倍加关怀啊！

在家里，大人要多从心理上关心孩子，随着孩子年龄渐渐长大，要与他开诚布公地说明事实真相，让孩子对不幸有充分的认识和心理准备。更重要的是了解他们的想法，并有针对性地进行引导。告诉他们大人的错误应该由他们自己去承担，孩子是没有错误的，孩子不应该陷于这种自卑中不能自拔。要教育孩子挺起腰杆来，堂堂正正做人。

在学校里，老师帮助这样孩子的最好办法之一是，用友情弥补亲情。教师要处处关心他们生活中的细微之处。当季节转换时，提醒他（她）注意根据天气变化增减衣服；老师一个鼓励的眼神，一个爱抚的动作，一个诚恳的表扬，一个会心的微笑，都会使他们的心灵受到震撼。尽管老师的爱不能代替父母的爱，但如果孩子生活在这样一个充满友爱真情的班集体中，我想他们肯定会感到生活仍然是充满希望和生机的。

"浇菜要浇根，教人要教心"，无论是家长还是教师，对待不幸的孩子，都要多多给予关爱。让孩子在爱的光辉下把不幸的阴影从内心深处抹去，让他们永远能够挺胸抬头，做事做人！

第七章
做孩子虚拟同桌,从加强沟通开始

孩子就是一本书,从童年到少年,从少年到青年,父母都在一页页往后翻,但想真正读懂它却十分不容易。如果父母从一开始就能做到和孩子一起成长,用孩子的眼光看他,时刻保持一颗童心,那么,随着孩子的成长,你会发现,在孩子慢慢读懂这个世界的同时,你也慢慢地读懂了"孩子"这本书,走进了孩子的心灵世界。

一场辩论会
——校园手机带来冲击波

针对现在学生上学带手机的现象,我们做了一项调查,大部分学生愿意这样做,而大部分家长持反对态度。为此,"家长学校"组织了一次学生与家长的辩论会,挑选了若干代表,在下面做调查、查资料,充分准备后进行辩论。现在摘录辩论实况如下:

正方代表(学生):我方调查的结果是,我们班差不多有一半的同学带手机。别的班级可能少一些,但大多数班级都有学生带手机的情况。我方认为,手机普及到学生人群中,反映了通信科技在我国的迅猛发展,它就像网络上的QQ在学生中的普及率很高一样。其实这是一件很平常的事儿,没有必要把它想得太复杂。手机是传递信息最方便、最快捷的现代电子工具,为什么要剥夺我们使用的权利呢?为什么不能较早地让我们享受现代信息技术带来的好处呢?

反方代表(家长):其实买一张IC卡,至少可以用上半年,而一部手机,一星期要充一次电,每月的电费、话费就够你受了。IC卡用完之后还可以收藏,何乐而不为呢?我先问问你们,带手机上学都做什么用途?

正方代表(学生):我们用手机的目的一是为了关键时刻能让家长找到孩子,比如放学后有的家长能督促我们尽快回家。二是一旦孩子路遇歹人,也能及时用电话报警。手机实际上是一根"绳",能"拴"住孩子,让做父母的放心。另外,学校布置什么紧急事情,缺什么东西,都可以打电话告诉家长啊。还有,课余时间,给父母打电话报一声平安,道一声辛苦,向同学发个短信祝贺生日,未尝不可。

反方代表(家长):上学带手机,能给同学、家长带来联络之便,但也有可能影响学习和造成攀比之风。没听说嘛,校园颇为时髦的一句话就是:有事给我打手机。特别是家庭条件好的同学,有的竟拥有三四部手机,且越来越时尚。你有三十二和弦,我就要新款彩屏;你的手机能录音,我的能数码拍照。一时间,校园内手机竟成为流行趋势的风向标。这样一来,最直接的"受害者"就是我们做家长的了。

正方代表(学生): 如果所有人的心态摆正,不将手机看成一种奢侈品,就像手表、电子词典一样,又何来这一说法呢?有些学生因看身边的朋友、同学有手机,自己就会不舒服……我们不能只将焦点聚在手机是否适合学生上,而要透过现象看本质——关注学生的心理健康问题,攀比不是因为手机才出现的,更不会因为学生不使用手机攀比就不存在了。

反方代表(家长): 你们带手机上学,能安心学习吗?我们调查过,不少学生不好好学习,把注意力都放到了手机上,有时上课也偷偷地玩。即使上课不敢玩,心里肯定也老想着上面那些有趣的东西,说不定趁老师不注意时,就会偷偷地拿出来玩。这样听课,成绩怎能上去?再说,要是上课前忘了关机,在课堂上铃声响了,既影响同学听课也打扰老师讲课,事后绝对没有好果子吃。

正方代表(学生): 手机的使用会影响学习,这是个过于片面的说法。我班同学,绝大部分没有因此受到影响。学习的事情还是要看自己,父母不要因为自己的孩子学习不好就把责任归咎于客观原因,忽视了主观原因。况且现在手机的功能很多,使用得当的话还有助于学习。至于上课前忘了关机,那只是极个别现象。我方以为,最好的获取信息的方法就是手机,只要手指一动,一本最新的词典,一个最新的知识点马上就会出现,让我们获得的学习资料永远不会过时,永远是最新的。

反方代表(家长): 我们了解到,甚至部分同学相互转发那些黄段子,一些露骨的字句,让人看了脸红,怎么能不影响青少年的身心成长呢?

正方代表(学生): 这样的同学毕竟是极少数。有的孩子有了手机之后,与家长之间的交流多了。以往回到家里,就躲进自己的房间,现在孩子会时不时地发短信给家长,跟他们聊聊天,开开玩笑呢。

反方代表(家长): 带着手机上学,恐怕也不是很安全。有时带一两百元钱去学校交,妈妈都是千叮咛万嘱咐:不要丢了呀,不要在外面把钱掏出来呀,等等。手机那么贵,万一不小心丢了怎么办?

正方代表（学生）：这正需要同学们增加防范意识，自己的东西多加操心。
……

看来对学生是否上学可以带手机的问题，有两种不同的观点。

认为学生不应该上学带手机的主要理由是：

1. 会影响学生学习。由于现在的手机功能多：发短信、上网聊天、照相、玩游戏，等等，这些东西，对身心发育不全的中学生有相当大的诱惑力，一些在校生迷上之后不能自拔，学习成绩明显下降。试想上课前要想着关机，以防影响课堂秩序；下课后要想着放好手机，以免丢失；课余时间还得一遍遍地打开，删除各类短信，交流一下各种游戏，怎能安心学习？

2. 会形成攀比风气，不利于学生优良品质的养成。学生是消费者，理应艰苦奋斗，勤俭节约。有些学生把自己的手机款式拿出来相互比较，炫耀自己手机的各种功能，一股校园攀比风气也在暗暗滋生。在调查中，我们发现手机更新换代快，中学生虚荣心强，看到谁换新手机了，心里也会痒。这种攀比，对那些买不起手机的学生更是一种无形的伤害。这不利于学生优良品质的培养。

3. 使学校管理难度加大。手机短信让学生的小动作"现代化"了，上课时代替了交头接耳，考试时代替了"传纸条"。手机中的确常常充斥着一些乌七八糟的东西：假中奖信息、黄段子短信、不良交友信息等。一些学生使用手机缺乏自我约束的自觉性，对学校正常的教学秩序和校园文化产生了影响。

4. 学生携带手机上学可能引发犯罪。像现在校园里手机泛滥，学生之间攀比心理强，一些普通家庭的孩子由于嫉妒同学，自己也想拥有手机，于是就引发犯罪心理。例如：偷盗、抢劫、诈骗……

另外，有专家提醒，辐射不容忽视：由于青少年的耳朵和颅骨比成年人更小、更薄，因此，孩子在使用手机时，大脑中吸收的辐射比成年人要高出50%。手机辐射会对脑部神经造成损害，引起头痛、记忆力减退和睡眠失调。专家建议，为健康着想，青少年应该尽量减少手机的使用，父母也应使子女尽可能远离这项高科技。

认为学生带手机上学利大的观点认为：

现在的孩子处于自制力较弱的阶段，其反叛心理极强，给其配备手机可方便联系，让家长知道孩子的行踪，有助于家长对孩子的管理与教育；住校的学生，方便家长联系，生病或有突发事情可即时联系。

吴老师的家教锦囊

其实，家长应该认识到，手机作为科技进步带给人类的新工具，本身并无利弊对错。进入校园后出现的负面影响，如影响学习、互相炫耀等，只是进一步暴露了学生规则意识缺乏、公众意识淡薄、学校德育教育不到位等"老问题"，单纯地禁止只能从表面上掩盖，而不能从根本上解决问题。关键在于老师和家长让学生具备自律意识，以健康、文明的心态使用手机。

手机已是普遍的通信工具，加之中学生对新生事物有着强烈的好奇心，越是得不到满足，越是要去尝试，一味压制并不是办法。

我们不能因为它可能出现的副作用而一律禁止，这不是因噎废食吗？更何况这些副作用也是完全可以消除的。只要教育孩子文明地使用手机，就可以避免副作用的产生。

文明使用手机，对孩子来说，主要包括三个方面：一是掌握好开机关机时间。一般来说，上课时间都应让孩子关机，家长最好准确地了解孩子所在学校的作息时间，家长要同孩子联系，最好约定时间，比如中午或下午放学后。二是能选择恰当的使用时间和场所。什么时间、地方可以用手机，什么时间、地方不要用手机，这往往反映出使用者的文明素质。三是交际内容和对象的恰当选择。同什么人说，说些什么？这是手机使用中的核心问题。许多家长反对孩子带手机，就是怕他们随便交友，说些毫无意义的话，而且没完没了发短信等。应该看到，不看对象、无节制地使用手机的现象，确实存在，但这都是可以通过一定的教育改正的。

禁不如导，用约定的方式指导孩子使用手机，促使其自觉养成良好习惯。比如，家长跟孩子约定带手机上学的一系列前提条件，包括开关机时间、使用场所、通话对象。或者发现手机用于任何不恰当的地方，手机话费出现不正常的增长，家长就可立即取消孩子的使用权，等等。

| 好父母　好朋友 |

　　有一位聪明的妈妈，为了监督孩子的通话内容，掌握孩子的手机的密码，定期对通话内容进行查询，不允许孩子乱打，只能和家人联系。

　　其实学生能否带手机应因人而异。那些能够管好自己、管好手机的同学可以带，用做与父母偶尔联络报平安；反之，那些克制力较差、又喜欢玩弄手机的同学最好别带。

第七章 做孩子虚拟同桌，从加强沟通开始

情真意切传书信
——敞开心扉彼此接纳

"家长学校"开办伊始，我们曾搞过一项活动，就是要求每个学生在自己生日来临之际，给爸爸妈妈写一封信，表达自己的真实感受。第一次布置这个特殊的作业后，许多孩子第一次拿起笔来给父母写了信，许多家长第一次给自己的孩子写了回信。一封封情真意切的信件，是孩子们敞开心扉在与父母倾诉知心话，是家长们试着把自己的孩子当成朋友，更好地接纳他们。

用书信去叩击孩子的心灵之门！真正起到了在孩子与家长之间架起沟通心灵的桥梁的作用。

现摘录其中两个家庭的书信。

书信一

亲爱的爸爸妈妈：

今天将迎来我十八岁的生日，这既是我在这个世界快乐地生活和学习的十八个年头，更是爸爸妈妈为我操劳的十八个年头。从小时候起，我就小毛病不断，还经常使点小性子，发点小脾气，没少让你们着急上火。自从离开父母来到这所重点中学求学，"娇骄"二气在我身上明显少了，自理能力也有了提高，虽然还有一些小缺点，譬如说：吃饭吃得哪儿都是，手太不灵巧，思想不够深刻等，但我相信，随着年龄的增长，我会不断成熟进步的。感谢爸妈对我十八年的教导和抚育，最重要的是让我养成了许多良好的生活和学习习惯，这使我在高中还有今后的道路上都会从中受益匪浅。从今天起我又长大了一岁，这意味着我肩上承担的责任应该更多了一份，心理上也应更成熟一分。我一定会努力完善自己，使自己更加成熟自信！

| 好父母　好朋友 |

　　再过几天，我就要走进高考的战场，我坚信我会凭借自己的努力，写出满意的答卷，实现自己进重点大学的愿望，同时也不辜负你们对我的殷切希望！

亲爱的女儿：
　　6月1日，距离高考不到一星期，你踏上了自己十八岁的路程，在漫漫人生路上，你将步入最重要也是最美好的阶段。
　　十八岁，体察人生百味的起始点，走向更加成熟与理智！
　　十八岁，步入青春子午线的端点，书写美好希望与成功！
　　就在你步入成人行列之际，爸爸妈妈以朋友的身份由衷地祝福你快乐成长、青春永在！
　　三年前，你以优异的成绩考入市一中这所全市初中生向往的省重点高中。回首三年的高中生活，你思想上的成熟，知识上的收获，都有了一个质的飞跃。爸爸妈妈惊讶地发现，虽然我们平时仍然插科打诨开玩笑，但在与你正式交谈时有了不同的感觉：你有独到的见解、精辟的分析，更加理性化。更令人惊喜的是，我们的谈话领域已经可以涉及人生、理想、爱情等各个方面。这得益你多读好书，甚至有些书，是你买来读了之后，妈妈才开始读的，像卡耐基的《成功法则》、像洪应明的《菜谭根》等。
　　一年前，踏上这关键的高三之路，你坦然、愉悦地走过。多少次大大小小的考试，没有压垮你，你总是在不断总结中努力提高，在有了提高后，仍然不忘记前行。虽然偶尔有些小焦躁，但之后会更趋于平静。
　　我们并不给你压力，不强求你考出怎样的结果，而你总是给我们意外的惊喜。我们知道，你是在用顽强拥抱自己的梦想，你是在用毅力书写自己的青春。多少次夜晚，我们已经入眠，而你房间的灯光依旧明亮，多少次，万家欢乐于电视机前，你却在写字台前凝思奋笔。
　　近几次的模拟考试，你都能够上600分，情绪很稳定，令爸爸妈妈感到欣慰。
　　我们养育你的所有体会，用一句话表达，就是充分享受了伴你成长的快乐过程，今后我们仍然会将这份快乐进行到底。爸爸妈妈和老天爷商量好了，让你"六一"降生，就为永远保持一颗天真美丽善良的童心！我们坚信，有个懂事明理的孩子要胜过高官厚禄。为这样的孩子父母所有的付出都是值得的！
　　6月7、8日，我们坚信你会昂首迈进高考考场，因为你付出并努力过了，我们相信命运青睐坚韧不拔的人,你会为自己三年的高中生活画一个完美的句号。

爸爸妈妈自觉还算是合格的家长。我们将自己淡定坦然的处世原则传授给你,使你在任何时候都能保持一颗处乱不惊的心,都能平静地对待所有的得失。我们曾多次讨论,无论你高考的结果怎样,我们都欣然接受,当"伴你走过高三"之后,在你未来前行的道路上,行囊里会背负更多的期待与叮咛,我们仍然会继续"伴你走过大学"!

书信二

亲爱的爸爸:

我就要十四岁了,我想对您说,我多么想有一天可以快快乐乐的玩一天啊!我知道您望子成龙的心情,但你不要"狂逼"我,因为,我也有不耐烦的时候。

周六日,当我早上睡懒觉的时候,吃过早餐,您就要我把睡过头的时间补上,本来可以在12点的时候自由的玩耍,但由于我睡过头,所以,只能拖到下午了。吃过午饭,爸爸叫我睡觉,睡完觉之后,已经是4点多了,我本来以为可以去运动的时候,但爸爸却骂我说:"不行,为什么你不能把睡觉的时间补过来呢?你再去玩,这样不是浪费时间吗?"我听了伤心极了。之后,爸爸您又给我一大堆语、数、英的课外作业让我做。晚上,当你们看电视的时候,我说:"爸妈,我可不可以也看一下电视?"而你们却说:"去去去,这里没有你的份,去写作文去,你还有一大堆东西没有做呢!"我怀着悲伤的心情去写作文。当我写完作文的时候,你们又叫我去睡觉,这样一来,我整天都没有玩到。

时间一长,我觉得我自己已经不是你们的儿子了,因为,你们整天把我当成陌生人似的。而你们,整天就知道炒股票,打麻将,去外面喝酒。如果您股票跌了或是什么让您不高兴的时候,我每次问您什么事情,您都会骂我。

爸爸,当我考试的前几天,您逼着我要进年级前三十名,如果考不到,您就会打我,骂我,还会给我许许多多的练习题做,搞得我头昏脑胀,眼花缭乱。爸爸,您每天就知道对我打,对我骂,难道您一点也不同情我吗?

爸爸,我真不知道您为什么要这样对待我,您从我四五岁的时候,就逼我学这个英语,做那个数学,搞得我不可开交,还经常打我。

爸爸,我多么想有一天是属于我自己的呀!哪怕是半天也行啊!请让我感到家庭的温暖吧!

| 好父母　好朋友 |

亲爱的儿子：

　　爸爸原本想写封信教训教训你这不成器的小子，可下笔却似有千斤重，许多平日被忽略的有关你成长的细节，此时鲜活地出现在眼前。我第一次发现自己是个很不合格的父亲。

　　你长这么大了，爸爸还是第一次给你写信。这还是因为看到了你的来信。爸爸经常沉溺于无意义的应酬与无聊的娱乐当中，没能好好关心你，经常朝你发脾气，实在是太亏欠你了。爸爸在这里郑重地对你说一声："对不起！"

　　回首过去，我们逼迫你参加许多课外辅导班，让你参加一切与学习有益的活动。除此之外，你自己的爱好兴趣，全部给予抹杀。后来，我们感悟到这是一个极端的错误，对于成长的你也不公平，让你幼小的岁月失去了很多童年应该有的快乐。原谅我的愚蠢与无知，曾经那么理直气壮地认为是为你好，而我们认为美好的事情，留给你的全是痛苦的记忆。

　　有一次，去接你回家，无意拿过你的书包，让我大吃一惊，你的书包足足有20多公斤，我想象不出瘦弱的你，整天背负着这么沉重的书包上学，你怎么能承担的了？爸爸感到心痛了，回家后给你的妈妈讲了这个事情，妈妈难过得落泪了。我用我未完成的理想和虚荣，剥夺了你童年的欢乐，压垮了你柔弱的臂膀。

　　我们现在深深体会到，作为孩子你确实不容易。幼小的心灵就要承受许多来自外界的比较参数：比学习、比进步等等，学习不好，在班级名次较低，自己无地自容，又害怕爸爸妈妈难过，你们在家长的监督下，无奈的参加着这样或者那样的学习班，想提高自己能力。

　　我们现在才真正意识到，家长与学校的意图就是要素质教育，也要体制增强，但是真的忽略了孩子最真实的教育：那就是快乐与健康同在！

　　今天已经是十四岁的你，儿子，我们对你说，今后我们会将快乐与健康作为你最好的护身符！祝愿你的前程似锦，祝愿你的人生精彩！

　　这次活动的开展得到了家长和学生的积极配合，特别是家长，他们很多人都在信上说，学校为他们提供了第一次给孩子写信的机会。在信上父母都写得情真意切，很多信老师们看完后眼睛都情不自禁地湿润了。当老师把这些信读给孩子们听的时候，很多孩子都哭了。他们把之前对父母的抱怨，对父母的不理解化作了忏悔和感动，很多孩子再一次主动给自己的爸爸、妈妈写了发自肺腑的信，表达了对父母的感激和爱意。

互动交流，换来了意想不到的收获。家长们纷纷表示：平时自己的关心和期望往往被孩子们当成唠叨和压力。现在我们主动给孩子一封信、一个小小的礼物，孩子都会兴奋得不得了。孩子写给我们的信也让我们感动，我们把这些信作为孩子成长的轨迹好好保留。

吴老师的家教锦囊

现在，这已经成为我们学校的常规性活动，每年，学生都会在自己生日前夕，给家长写一封信。这样无形中拉近了孩子与家长之间的距离，也在不知不觉中记录了孩子的成长历程。

中国的父母往往不善于在孩子的面前表达自己，孩子也怯于和父母交流。我们以写信、做贺卡、送礼物这些小事为切入点，使亲情教育有了载体，在情感的互动中，孩子、家长包括老师都在感动中成长！这样更有助于处于青春期的学生快乐、健康成长！虽然每个家长都是爱孩子的，但不是每个家长都懂得如何关爱孩子。看得出来，很多孩子都渴望家长多关注自己的内心世界，渴望父母跟自己做真心的交流。

家长朋友们，你是不是也可以多以书信的方式与孩子交流呢？我相信这些书信影响的不仅是家长和孩子的现在。也许在多年以后，这些书信会变成孩子和父母共同的美好回忆！从每年来往的书信中，孩子会感受到这无声的关怀，含蓄的引导。

对于中学这个年龄段的孩子来说，和孩子的书面沟通有时比语言沟通可能更容易、更有效呢！怎么样，家长朋友们，拿起笔来试试吧，不一定非要等到孩子生日这一天，你一定会获得一份意外惊喜的。

管妈妈叫"姐姐妈"

——放下架子，并不意味降低身份

"姐姐妈，我和同学在学校办板报，可能要晚些时候回去，你和我爸爸先吃饭吧，别等我了。拜拜。"小睿对着电话喊道。

"咦，你怎么管你老妈叫姐姐妈呀？"同学小悦不解地问道。

"是啊，我一直这样叫的啊！我和我妈的关系最铁了，我整天没大没小地和她开玩笑，连我爸都嫉妒我们俩呢，说我们一天到晚没个正形。嘿嘿。"

"那你一定和你妈妈无话不谈了？"另一位同学小溪说。

"难怪你一天到晚总是那么乐和开心呢，原来你有这么好的妈妈呀！我和老妈老爸的关系就不那么好，他们对我总是没别的话，一到家不是问在学校注意听讲了没有，就是问功课做得怎么样，我简直烦透了。"小悦接着说。

"我也是这样，他们就不能关心一下我学习以外的事情。我都不想和爸爸妈妈照面，一回到家就赶紧钻到自己的房间里，把门紧紧关上，有时还会贴个'请勿打扰'的纸条。"小溪应和着。

"我们家可不是这样，我每天回家和爸爸妈妈有说不完的话。我会把当天在学校的所见所闻统统告诉他们，他们也很乐意听呢。我妈这个人可民主了，什么事情都与我商量，我经常开她的玩笑调侃她，她一点也不生气。"小睿自豪地说。

"真羡慕你啊，我要做你妈妈的女儿，我也会喊她姐姐妈的。"

"我真的把我妈当姐姐看待呢，不管是生活上的烦恼，还是学习上的疑惑，都可以给她讲呢，就上次我和小雷的事情，我都对她讲了。"

"那你妈妈怎么说呢，没说你一个小屁孩儿不想学习，光想用不着的事情吗？"

"没啊，我妈妈告诉我，初中阶段男女同学之间有一点点好感是很正常的，但是要与男同学保持一定的距离，要正常交往什么的。我觉得她说得挺有道理的，也就不再故意多接近小雷了。"

……

三个小伙伴办完板报一同走在回家的路上，边走边继续聊着。

我们做家长的应该了解青春期孩子的心理特点。青春少年渴望与人交流思想、沟通内心体验，排遣日益增长的孤独感。想想吧，我们的孩子大多是独生子女，如果家长不与他们经常交流，他们就会从青春期开始，过早地体会到了孤独的滋味。他们既充满了各种幻想和憧憬，又会萌发许多孤独和感伤，并且有自我封闭的倾向。

想想是不是这样，孩子一上了中学，他们渴望有自己的房间，自己的桌柜，可以存放自己的日记本、信件、像册等"私人物品"，不喜欢别人，特别是父母，向自己问这问那，不愿表露自己的内心感受。父母为了了解孩子的内心活动，有时对孩子的私人物品发生兴趣，往往引起孩子的反感。

此时，父母与孩子的"代沟"表现得比较明显，这种现象其实是孩子青春期自我意识的矛盾之一。家长应该放下架子，平等地与孩子讨论问题，以教训的口吻和孩子说话最容易引起他们的反感。家长不应把自己的观点强加给孩子。

吴老师的家教锦囊

其实，这个"姐姐妈"就是吴老师我本人。作为教师妈妈，我曾把自己的感受写下来，获得了省级论文一等奖呢，并多次在"家长学校"中与各位家长分享。现在摘录如下：

"我是你的BABY，你是我的姐妹"。这是我和女儿关系的写照。刚刚初中毕业的女儿，早已和我成了倾心交流、无话不谈的朋友。十五年来，孩子给了我几多欢喜，几多自豪。使我感觉，孩子就是一本书，从童年到少年，从少年到青年，父母都在一页页往后翻，但想真正读懂它却十分不容易。我早已把养育孩子的过程当做是一种乐趣，而不是负担。因为，我深知，父母在教育孩子的同时，也是在进行自我教育，是在和孩子一起成长。

可是接触的许多家长往往会发出这样的感叹：孩子越大，就越不了解他。我感觉，如果在孩子小的时候，家长处处以一个长者的身份指挥着他的一言一行，并不曾真正体会孩子的感受。当孩子渐渐长大，你就会和孩子越走越远，代沟也会随之产生，从而难以把正确的思想和经验传递给孩子，导致教育的失败。但如果父母从一开始就能做到和孩子一起成长，用孩子的眼光看他，时刻保持一颗童心，那么，随着孩子的成长，你会发现，在孩子慢慢读懂这个世界的同时，你也慢慢地读懂了孩子这本书，走进了孩子的心灵世界。这时，你距离成功的父母也就越来越近了。

……

要想成为一个合格的父母，做孩子的真正朋友。我的体会是：

1. 要从根本上解决亲子之间的"矛盾"，双方的沟通和理解十分必要。做父母的要充分尊重孩子，以平等的态度对待他，做孩子真正的朋友。要把教育子女看做是第一重要的事情，无论多忙，总要抽时间与孩子亲密沟通。当孩子想说话时，你要全心关注。即使有些话听起来很可笑甚至幼稚，也要学会耐心倾听。

每天孩子放学回来，总是向我滔滔不绝地描述着她在学校的见闻感受，这是我们最开心的时刻。怎样对待同学的玩笑，如何看待老师的要求，言谈话语之间就把自己的观点交代给了孩子。帮助她明辨是非，取舍良莠。

2. 要对孩子有足够的尊重。很多家长都放不下做家长的"尊严"，非要在孩子面前扮演一个权威的样子，要求孩子服从自己的"领导"，而这正是在这个时期的孩子最反感的。所以，在和孩子沟通的时候，给予孩子足够的尊重和平等是很重要的。

接纳孩子的感受，就算你不一定同意他的行为，也要试着不盲目判断或批评。另外，要能主动认错。在一些是非面前，无论是孩子还是家长，只要有错误，要勇于承认并积极改正。全家人都能尊重事实、崇尚真理。

3. 营造良好的家庭文化环境。家庭文化体现在家庭成员的价值趋向、道德品格、情感志趣和生活方式中，也体现在家庭环境建设和衣食住行中。家庭文化同其他方面文化相比，亲合力、感染力更强。它对人的习惯的影响最早、最持久。习惯更容易在家庭中"遗传"传递。在家庭文化环境中，重要的是父母的所做所为。孩子的模仿能力很强，因此，家长要时刻以身作则，发挥榜样的作用。

当父母一再教育孩子努力学习，取得优异成绩给物质奖励时，不见得能培养孩子的学习自觉性和刻苦精神；而父母刻苦学习、钻研业务的好学精神，却能有效地启迪孩子好学上进。我每天在家备课、批改作业、试卷，或者钻研业务书籍，孩子也早已耳濡目染，并受到了潜移默化的影响。可以说对孩子的教育也可以简单到"从自身做起"这样一句话。

4. 和孩子的关系要掌握度。允许孩子幽默些，孩子的幽默是最自然、最坦率的人类语言，需要父母用心去发现和体会。我们平时是朋友，可以口无遮拦地开任何玩笑，这有利于培养孩子机智、幽默的品行。不过在一些原则问题上家长要坚持并拿出自己的威严。孩子必须服从家长的正确指导，虚心听取批评意见，从而避免或少走弯路。

最后，向家长朋友们推荐一种与孩子交流的好方法：父母用"平行交谈"的方式跟青春期的子女谈话，往往能引起热烈回应。美国《用心去教养子女》一书作者罗恩·塔菲尔提出的"平行交谈"，其意思是父母与子女一面一起做些普通活动，一面交谈，重点放在活动上，而不是谈话的内容，双方也不必互相看着对方。这种非面对面的谈话方式会让父母和孩子都感到轻松自在。

父母与孩子的谈话内容，最好是多谈一些如何学会求知识，学会做事，学会共处，学会做人等。在交谈中，还要注意从事情到关系、从事情到感情、从一般到特殊等原则，从而使孩子与父母之间什么话都交谈。

天下的父母们，愿你们都能真正做自己孩子的知心朋友！请相信，你与孩子平等，丝毫不会降低你的身份，反而会使你和孩子的感情更加贴近。孩子与你无话不谈的时候，是你们家最和谐的时刻；孩子与你嬉笑玩闹的时候，是你们家最快乐的一幕。快快搭建起这幸福的小屋吧，叫孩子感觉家是温馨的天堂，家是避风的港湾。

母女常对话
——朋友关系是这样练就的

我作为一名教师，经常与女儿平等对话，既了解女儿的所思所想，又给予适当点拨。与女儿达成了名副其实的朋友关系。

对话一

母：今天是市一中建校六十周年纪念日。我们一家三口都是一中校友，很值得自豪啊。学校有什么具体活动吗？

女：有啊，今天请了崔志刚来给我们做报告。他是央视"社会经纬"栏目主持人，"法制在线"制作人。他回忆自己从业的道路。其中对我启发最深的是：今后要注重对古文的吟诵，多识记优秀的古诗文。他介绍说，自己是魏县人，高中在一中读书。大学毕业后先分配在最基层工作。刻苦学普通话，应聘河北电台节目主持人时，抓住评委的心理，不落俗套，背诵了王勃《滕王阁序》。笔答时，半小时内，第一个交卷，用最短的时间一挥而就，给人留下"写作能力强，速度快"的好印象。从地方电台到央视，评论主持人，独树一帜，张扬个性。虽然是理科生，但是从事新闻工作，发挥了思维缜密的特长。

他还讲了，当理想与现实发生冲突时，一定要耐心等待时机，扎实作好现实的工作，作好积累。在学习工作中要学会放松自己，提高工作效率。劳逸结合，有计划、有目的性地工作。

他的经验是，学生要学会在学习中松弛，保证分数情况下，提高能力。三年高中奋斗，考上好大学。他上学时，每天5点半起床背诵古文，值得我学习。我今后也要多磨炼自己！

对话二

女：明天要月考。不知怎么回事，感觉有点烦躁，还有点郁闷。

母：这是正常反应。虽说这只是一次月考，以后每个月都要接连不断地进行。但因为它是高中阶段的第一次，所以大家都会憋足劲证明自己在高三阶段的实力。再者，刚进入高三，课程量加大，内容加深，有很多不适应的地方。可能大家都很刻苦、认真，但成绩不一定都非常理想。这次考试就当做是一次练兵，见见高考题型，估摸一下自己的实力。

还有你现在正好赶上例假期，也不要过分在意，不应该给自己这样消极的暗示，认为自己倒霉。相信自己的实力，但不要特别在意结果。这样就会减少忧虑，减轻压力，放松自己才能轻装上阵，才能正常发挥。

对话三

母：这次期中考试以624分的总成绩名列班内第二，"文联三个班"第三。成绩不错，向你祝贺！

女：是啊，本人还在高中全体大会上受到了表扬。感觉很欣慰，这一段的努力有成效。不像上次月考，只考了班内第十五名。

母：失败要总结教训；成功也要找出经验啊。

女：首先，这次考试的心态很平和，无谓失分大大减少。基本上做到了会的就写对。当然，也有一点遗憾的，比如数学，有一道题本来做对了，临交卷检查时改错了，白白丢了7分，考了124分。英语发挥比较正常，达到了132分。最好的成绩是政治，得了年级第一，我还要在"文联"经验介绍会上发言。再有就是考前复习的战略、战术是正确的。也就是要做到细水长流，每天都要复习每一科，常抓不懈。

母：保持好名次更加不易，要继续从成功者身上吸收好的学习方法，做到事半功倍。

女：现在回忆初中走过的路，深感痛惜的是，没有真正读多少好书，基本上是疲于应付每天的作业、练习、考试了。现在觉得在文学底蕴、文化积累方面有很大缺憾。

母：好在亡羊补牢，为时不晚。

女：我打算利用下午的时间在学校图书馆里多读一些书，充分利用高一的时间。

母：好啊，现在多吃点苦，为了将来。

女：我也深有体会，同学们的智力水平，学习基础相差不太多，但就是看谁更有毅力，能够坚持，尤其是在学习疲倦、无聊时，谁能够咬牙坚持谁就能够笑到最后。

对话四

母：这次月考在班内第六名，发挥比较正常，但还是要找出失误之处。

女：是的，数学现在已经成为强项了，成绩比较稳定。这要感谢老班是一位数学老师，弥补了初中的不足。英语也不错。语文暴露的最大问题是积累不够，包括生字词、修改病句等一些基础知识，掌握不够扎实。所以前面的选择题失分较多，做题慢也影响了后面的答题。史、地、政还要加强平时的记忆、背诵。

母：在班内女同学中排名第二，也不简单了。你觉得现在在班内的感觉和在初中时有什么不同吗？同学们还是很尊重和敬佩你吗？

女：当然了，许多同学经常夸赞我的聪明。尤其是学习数学，已经真正投入进去了、开了窍了，总能为同学们答疑解惑。

母：同学们对你尊敬的一个重要原因也在于你为人友善、热情相助。还有你独到的见解和思考，包括你对一些文学名著的解读，总之是凭借自己的人格魅力博得好感的。

女：是啊，不过，我觉得一个人不能总是在意别人对自己的评价和看法，那样活着岂不是太累了吗？也太虚荣了。

母：但是，我们就生活在集体之中，一个人的价值也要通过别人对你的评价而获得肯定的，同时也获得了满足。这不完全是虚荣，它符合人之常情，它会提升我们的自信心和乐观态度，更有利于我们有一个良好的心情，从而以更愉快的心境投入到学习中去。

女：月考已经过去了。下午课余时间除了继续阅读外，也要开始为期末考试做准备了。这次是和其他市四校联考，更能找准自己在省内学校的位置，了解自己的学习程度了。这次是在我的强项政治上拉了分数，下次一定要充分复习补过来。小丛现在的强项是地理，人家竟然考了满分一百，确实不简单。

……

第七章 做孩子虚拟同桌，从加强沟通开始

用一颗平等的心对待孩子，做孩子的朋友，我一直以来希望和孩子建立最友善的关系。

在日常生活中，家长应尊重孩子的意见，不要用居高临下的态度对孩子说话，应将自己摆在一个"参谋"的位置上。在作出有关孩子的决定时，多引导孩子发表看法，家长则以建议的形式将自己的决定告诉孩子，让他们自己作出判断。

大多数家长关心孩子的学习，仅仅是关心考试第几名？得多少分？而对孩子的态度也随着名次和分数的变化而变化，这种关心不仅对学习成绩的提高没有帮助，反而给孩子带来压力。成绩不理想时他们最需要得到的是理解和帮助，而不是指责和羞辱。

在孩子成绩不尽人意时，爸爸妈妈采取理解的态度，帮助他们分析一下原因，指导提高成绩的方法才是他们所迫切需要的。其实他考得不好已经够难受的了，他需要的是鼓励和安慰，需要帮助他找到提高成绩的办法，而不是责备。

吴老师的家教锦囊

家长朋友们都渴望与孩子消除代沟，我们要了解，消除代沟需要沟通，沟通需要方法，方法得当才能相互理解。而经常与孩子对话，无疑是最好的沟通。如果您真的把孩子当成是一个与您一样的独立的人——能与孩子平等地交谈，您的眼神、语调、用词和其他的行为表现都会体现出对孩子的尊重，当然孩子也就会与您走得更近，沟通也就是水到渠成的事儿。这种关心、关注、爱护和影响需要潜移默化、润物无声，而不是摆在至高无上的位置上。

有位诗人说过，人的成长是面临着一次次创伤或挫折以及对这一次次创伤或挫折的修复过程。我们既要客观地认识和处理孩子的问题，也要通过对话正确地引导、诱发、激励、鞭策，以及严格要求孩子。

根据我教子的经验，父母要学会与孩子积极对话，要调整好自己的心态，走出盲目的误区。善于体察孩子的情绪状态，体察他们的困境，不要"硬碰硬"，不耐烦，要善于因势利导，与他们共渡难关。做父母的与孩子交谈，不应该是简单的"言传身教、指手画脚"了，而应该尝试努力做他们的朋友、做他们可以咨询的高参。

今天的家长还要做的，是当孩子的虚拟同桌，要让孩子感到，学习有个好"陪练"。记得经常给孩子以平等的、平和的提示。家长朋友们，你做到了吗？

最后我再透露一个小秘密啊，在我女儿上高三时，我有这样一个体会：一个月内，允许孩子对父母大哭或大叫一两次，也许是为很不值当的一件小事。繁重的知识学习、无形的竞争压力，使孩子内心聚积了不少烦闷忧郁。当他们大哭大叫之后，会得到一定的宣泄和释放。这时候，我们只需微笑地看着他们大哭或大叫，最多递上一张纸巾什么的，当孩子大哭大叫之后再给予恰到好处的安慰即可。

"小网虫"不再痴迷

——网络并非洪水猛兽

初二（2）班学生小翔本是一个挺优秀的学生，下学期成绩下滑厉害，家长也反映孩子要钱的次数多了，问他钱都干啥了，他说交补课费。妈妈为弄清原因，每到周末，就到孩子补课的地方"监视"，但她发现，儿子的自行车在那里，可人却不知去向。她从儿子的同学口中得知"可能去了网吧"。班主任也多方调查发现，他正是由于迷恋网络游戏的缘故。后来干脆发展到请假撒谎、旷课，甚至好几天都不来上课。

我约他到阳光心语小屋见面。

"听班主任介绍说，你担任数学课代表，工作认真负责。经常解答同学的难题，被同学称作'电脑'，学习成绩在班里也一直很不错。现在成绩有些下滑，你找到原因了吗？"

本来已经准备好挨批的小翔看到我和颜悦色、细声细语地说这些，紧张的表情一扫而光。他抬起头，正视着我，脱口而出："没什么原因，就是我不想学了。我觉得学习很累，很没意思。特别是有的时候考不好了，又得不到家人、老师和同学的理解。唉，心中的苦闷没办法宣泄，只好逃避现实，在网络游戏中寻求安慰、刺激和快乐。"

看来这是一个很爽快的孩子，我决定让他说出自己更多的想法。

"那玩网络游戏，你找到安慰和快乐了吗？"

"当然找到了，我玩《魔兽世界》游戏都已经赚到2000G了。这在我们班同学里是无人可比的。我还总会找那些弱小的杀了。如果看谁玩得好，觉得不顺眼，可以和几个朋友一起把他'干掉'！不过，这样下来YY耗费的点卡就很多，所以要不断打不断赚回来……"说到自己感兴趣的话题，小翔滔滔不绝起来。

"这说明你的确是脑袋瓜相当厉害呀。不过，你觉得这样玩下去，不耽误学习吗？再说，你这样做对得起爸爸妈妈吗？"

"我爸爸玩游戏比我还厉害呢，不过他玩的是'武侠风云'。我妈妈是在网上偷菜，每天他俩还为电脑争来争去呢，总是霸占着电脑，所以我只好到网吧去玩了。"

"你经常去网吧吗？能说说你在网吧的经历吗？"

"我其实现在也有点玩腻了，跟您说说也没什么。那时，我迷上了网游。超越网吧的老板挺够哥们，不但收留了我，还专门给我弄了张床，放了学就玩，玩累了就睡在网吧，游戏还可以挂机练级。当时我妈给我的伙食费基本上全花在了网吧。我还通过QQ与其他玩家聊天胡侃。在网吧我认识了很多朋友，他们都不上学，也不知道他们哪来那么多钱。"小翔像在讲别人的故事一样侃侃而谈。说这话的时候，眼睛里充满了羡慕。

"后来我爸爸发现我开始偷他的钱去上网时，他恼火了，把我暴打了一顿，还说，把你打残了，我养你一辈子！我忘不了他那愤怒的眼神。没办法，我只好每天去上学，可是脑子里全是网游，而且一有机会就想旷课去上网，就这样，学习成绩一落千丈。老师，我知道你找我来，是想教育我不上网，可是我觉得很难控制自己。"

"你刚才不是自己说，也已经有点玩腻了吗？"

"但是，我不上网，干什么呢？"

"我觉得，上网可以，但不能脱离生活的常轨，因为生活的意义不全在网络里。难道你除了上网，就没有别的事情可做了？你可是一个学生呀！"

"可是我已经讨厌学习了，不想费那个劲了。"

"是啊，学习是一项艰苦的过程，但也充满了希望和乐趣。想想你学习成绩优异的时候，解决难题的那一刻，你不也尝到了成功的乐趣吗？还有老师的赞扬，同学的羡慕，不比你一个人整天面对冷冰冰的电脑有意思吗？更主要的是，你学到了知识，将来找个好工作，才是一个有用的人啊。"

"老师，其实我也挺怀念刚上初二那个时候的，我学习那么好，自己也感到很自豪呢。但现在滑到这种地步，不知道还能不能赶上来。"

"男孩子只要想学习，一般进步都是非常快的。更何况，你的脑瓜子是那么聪明。"

"我怕自己没有耐心和毅力。"

"没关系，老师和家长配合帮助你，相信你一定能战胜自己，回到从前那个优秀的你。"

"谢谢老师对我的开导，我觉得你没有什么架子，别的老师说到我上网玩游戏的时候，都是凶巴巴的，我不愿意和他们说那么多。"

"所有的老师都是为你好啊，不希望看到这么聪明的孩子因为玩游戏耽误了自己的学习，影响了自己的前程啊！"

后来，我和班主任与他家长联系，共同商量，制定了一个帮助小翔消除网瘾的方法：第一，做一件自己感兴趣的事情，小翔喜欢打篮球，家长给他买了篮球，允许他课间和课余经常与同学打篮球。第二，平时不让孩子上网打游戏，但周末可以多上一两个小时，放松一下。第三，家长要以身作则，不再迷恋网络游戏，尽量少上网玩，并有权力监督孩子，帮助孩子逐渐戒掉网瘾。

随着信息技术的迅猛发展，网络时代离我们越来越近。上网已经成为中学生获取信息、增长知识、交友等的另一重要途径。它带来了方便，使都市繁忙的人们足不出户可知天下事，同时，它也带来了一系列新的问题，互联网使许多青少年沉溺于网络虚拟世界，脱离现实，也使一些青少年荒废学业。与现实的社会生活不同，青少年在网上面对的是一个虚拟的世界，它不仅满足了青少年尽早尽快占有各种信息的需要，也给人际交往留下了广阔的想象空间，而且不必承担现实生活中的压力和责任。

虚拟世界的这些特点，使得不少像小翔这样的青少年宁可整日沉溺于虚幻的环境中也不愿面对现实生活。他们无限制地泡在网上，将对日常学习、生活产生很大的影响，严重的甚至会荒废学业。

因为有学习的压力，许多感到寂寞、无聊而上网的中学生，被吸引到网络游戏、聊天室中来，而且很容易上瘾。时间往往在不知不觉中过去，这样就使一些中学生的身体受到影响，还影响到学习的效率和质量。可以说学生极易沉浸到网络的虚拟化生活空间中，一旦回到现实社会就会产生更强烈的孤独感，有的患上"网络疏离症"。

大多中学生身处的不利环境也是导致上网成瘾的客观原因。目前网吧遍布大街小巷，尽管有关部门出台了一系列禁止未成年人进入网吧的条例，但在实践中对网吧仍缺乏有效的管理措施,网吧一定程度上成为他们的乐土。

在家庭环境中,在生活中缺乏情感交流。像小翔这样的家庭,父母除了工作,自己还想着要玩,怎么能够有时间与孩子交流,怎么能够说服孩子呢?所以,在现实生活中缺少情感交流的中学生,便会在网络中寻找可归依的群体,迷恋于网上的互动生活。再有,人都有自我实现的愿望,许多中学生希望自己在网上成为和自己在现实中不一样的人,在网络上的虚拟声誉和自我展示,是在弥补现实中得不到的自我表现,寻求另一种感觉。

吴老师的家教锦囊

网瘾问题的症结,在于虚拟世界和现实生活的巨大反差。网瘾问题表面上来自虚拟世界,其根源却存在于现实生活之中。互联网没有过错,患上网瘾的孩子也没有过错,从心理学的角度来看,趋利避害、寻求快乐是人类为了保护自己、更好地适应环境而形成的一种心理机制。如何正确引导他们利用现代科学技术,去表达自己的个人意愿,实现自己的个人追求,家长言传身教最为关键。

家长朋友们,如果你的家里有网瘾少年,最应该反省的是父母。孩子网络成瘾只是对家庭问题的一种反映,要彻底解决青少年的网络成瘾问题,就要从问题的源头——家庭着手,而不是仅从孩子身上解决问题。在这样的家庭中,孩子感觉不到关心,有的只是痛苦,人的趋利避害性,让孩子开始寻找精神避难所,而网络成就了他。

作为家长一定要关心自己孩子的学习和生活情况。许多家庭教育失败的原因,就是家长与孩子之间缺乏有效的沟通。家长与孩子一起上网冲浪,可以提供两代人交往探讨的话题,共同上网,查找信息、评论是非,这本身就是一个实施家庭教育的好机会。

家长要有超前意识,要不断学习,提高自己各方面的修养和能力,争取成为自己子女最佩服的人。只有这样,才能有效地加强对孩子上网监管,才能严格控制孩子的上网内容、上网时间。

我们多么希望家长的觉醒和努力,会让一个个"小网虫"不再痴迷网络游戏,真正充分发挥网络作用,使更多的孩子借助网络学习成才,尽最大可能消除它的负面影响。

第八章

让孩子乐观阳光，从走进内心开始

生活中，自信自立的父母向孩子传递着正面积极的信息，而悲观、势利、怨天尤人的父母，往往向孩子传达着消极的信息。作为想望子成龙的父母，我们必先有一个雄心，有一份斗志，有一种自信。只有积极进取、不懈努力、对自己有信心的父母，才能培育出充满自信与活力的孩子！

我是坚定自信来的
——优秀，使人忽略了你身体上的缺陷

一位梳着四边齐的女生敲门进来。我笑着问她："你是初几的同学？"

"老师，我已经上高三了！"她也笑着回答。

"你长得很小巧呢，可不像是高三的学生呀。嘿嘿。"我望着她不足一米五的身材说。

"老师，这正是我的烦恼呢。"她收起了笑容。

"烦恼什么呀？"我意识到刚才说话有点不妥。

"个子低呗。"

"没关系嘛，以后还会长呢。"

"不会长了，我妈妈已经带我去医院测过骨龄了。医生说我是发育过早，导致身材矮小。"

"这也没什么嘛，你看人家邓亚萍……"

"老师，我不是有什么心理问题才来听您劝说的，这些，我妈妈早就对我讲过的，我自己也想通了。我现在是上体育课，老师让自由活动，我偷偷跑过来了，就是想和您随便聊聊，上次开家长会回来，我妈妈说您讲得特别好，叫我有时间找您聊聊。"

"你叫什么名字？你妈妈是做什么工作的？"

"我叫小梦，我妈妈也是一位老师，在育英学校。"

"你就是小梦啊？怪不得看着你很眼熟呢。我在光荣榜上经常看到你的名字呢，只是没有对上号。你不是高三（1）班团支部书记吗？记得你好像还参加过什么竞赛获过奖。"

"是啊，是全国英语竞赛一等奖。"

"你这么优秀，妈妈一定为你骄傲呢。"

"是的，我非常感谢我妈妈对我的培养教育，她让我充满自信、健康快乐地学习生活。"

"我很想认识你妈妈呢！"

"我想，我妈妈肯定也想多和您交流呢。"

……

就这样，我认识了一位不仅教学成绩优秀，而且教育女儿也很有成就的老师妈妈，因为经历相似，有着许多共同的语言，我们结下了深厚的友谊。我经常去拜访她的博客，也以此更加了解了她对女儿的培养过程。

2008年，小梦以优异的成绩考入一所重点大学，学的是她向往的金融专业。征得同意，摘录两则小梦妈妈博客上的文章：

给女儿的生日礼物

小梦，6月1日是你的生日。十六岁，你已走进花季。爸爸妈妈在祝福你的同时，热烈地拥抱你。你是我们值得骄傲的乖女儿，更是我们值得信赖的好朋友。我们之间几乎没有什么秘密可言。放学后、饭桌上、睡觉前，随时都是我们敞开心扉、袒露真言之时。你的渐进成熟，更加理性，使我们有了共同的谈资。

十六年来，我们的爱女之心得到了肯定，早期教育有了结果。付出了养育的艰辛，收获了快乐的回报。肩上担当一份责任，内心溢满几多自豪。

你的乖巧懂事令邻里朋友羡慕；你的勤奋好学使老师同学赞叹；你的成熟深邃让爸爸妈妈惊讶！

你是一个传统女孩。在这充满时尚、浮躁的时代，你把握着自己的信念，坚守着自己的理想。带着执著自信，你一次次敲开了成功的大门，凭借小学英语竞赛全国一等奖，你走进这所重点中学。在这人才济济的尖子堆里，你仍然能够名列前茅，我们知道，你付出了怎样的艰辛啊！

你信仰"在不断奋斗中取得成功，在取得成功后继续奋斗"。先做人，后做学问，你接受了我们对你的传统教育，时刻保持着"温良恭俭让"。优秀班干部、三好学生、学习标兵……一份份荣誉证书早已塞满你的抽屉，却丝毫看不到你有

| 好父母　好朋友 |

翘尾巴的迹象。我们不仅关注你的学习状态，而且更关注你的思想、你的精神、你的态度。值得欣喜的是，你在思想成熟的同时仍然保持着一份单纯。逐渐看透生活、社会本质的同时，仍然能够积极向上。其实，我们都愿意做脑子复杂心简单的人，因为这样既具性情又有内涵。

你学什么像什么。学前，没有一点美术基础，在小学美术班里却崭露头角。乒乓球、羽毛球一练就会，妈妈教会了你，却很快成为你手下败将。电子琴、葫芦丝也可以无师自通。爱好兴趣广泛，除陶冶情操、提升欣赏品位外，更是自娱自乐，缓解了枯燥的学习生活。

进入高中，你又迷上了读书，有时连做教师的妈妈都自愧弗如。从上下五千年历史，到余秋雨散文随笔，从卡耐基谈成功的秘诀，到红楼解秘。涉猎广泛、无所不读。你说读书不仅仅是为了应试，更不是为了装潢，而是引起自己深入的思考：对生命的意义、人生的价值、人性的分析。我们的多次长谈，让我更重新认识了自己的女儿。

小学、初中、高中同学中，虽然你都有自己最要好的朋友，但仍然和父母无话不谈。我们真正感觉不是在居高临下对你实施教育而是互相启迪、彼此受益，共同提高思想认识。

幽默睿智是我们共同的特点。所以调侃也成为我们生活中的主旋律，消除隔阂、放弃拘谨、享受快乐。

有时，你怕我们担心难过，有了苦楚试图自己吞咽，这是我们最不愿意接受的，你也需要发泄、任性、甚至撒娇，我们都能够接受。

平时我们很少对你滥施溢美之词，即使考试年级第一也没有过什么特别的表示，只是把它们一次次积淀在心里。也许你内心希望得到父母的夸赞和鼓励，今天在你生日来临之际，在你迈入青春门槛之时，作为特别的礼物赠送给你。

我们相约，今后的路还很长，会有更多坎坷。我们只看今朝，不去预支明天的烦恼。

尽管生活中有种种不如意，但我们大部分时间被幸福快乐包围，还有什么不满足的呢？当然也有不满意之处，因为从来没有离开过父母，你的生活自理能力比较差，这也是当今独生子女的通病。

你早已为自己设计了前行的轨迹，我们只是希望你走正，走好！你永远是全家人的骄傲，我们为你所付出的一切都非常值得。

深深地祝福你健康快乐成长！以你特有的才智，书写自己生命的华章！

写给刚上高三的女儿

2008年，对于中国来说是非同寻常的一年，奥运会将要第一次在北京举办。

2008年，对于我们家庭来说是极其重要的一年，你将要奔赴高考的战场。

从现在开始，在这里，妈妈和爸爸要记录下来我们所有的感受和经历。伴你走过高三，和你一起跨越这生命中最不平常的也是最重要的一年。相信，当你接到大学录取通知书时，我们再一起回顾这短暂而又漫长的一年，回顾你十八年来成长的点滴，作为十八岁你成人的礼物回赠给你，你将会获得一份惊喜。

记忆的珍珠散落一地，将它们从各个角落中收集起来是多么不易，但我们会尽力地去拾捡，我们憧憬着，在你十八岁时，我们会将这些由回忆串编的美丽的珍珠项链佩在你的脖颈上。

好在从你出生起，我们就用日记的形式记录下了你成长过程中的点点滴滴，足有五大厚本呢。如果仅凭记忆，我们记不了这么多你的趣闻逸事和生活的许多细节。可以说，我们度过的时光是不可重复的，尤其是你的婴幼儿时期，你的一切作为大都是不会被自己记忆的。所以父母留下的你的嬉笑怒骂不啻是留给你的不可复制的最宝贵的礼物。因为许多你经历的美好时刻仅仅存在父母的记忆里。我们会陆续采撷其中的精彩部分留在这里。

不想一下子打开记忆的闸门，就让回忆的涓涓溪流慢慢汇入到现实中的河流中来，融入到我们的生命中，滋润着我们渴望互相理解的心田。

一个优秀的孩子，大多背后会有一个优秀的妈妈或爸爸。他们通过言传身教，使孩子健康成长。像小梦这样的孩子，尽管身材上有点缺陷，但并没有让她背上沉重的包袱，而是充满了快乐自信。

我们想，像小梦这样的孩子和家长，如果整日为自己的身体缺陷而忧心忡忡，担心受同学的歧视，担心今后的工作，担心今后的生活等等，从小就背上了沉重的包袱，那她在学习成长中能够轻松吗？正是抛弃了这些不必要的烦恼，才使得小梦一心一意地努力学习，用自己优异的成绩证明自己的能力，用自己优秀的品质使他人忽略了自己身体上的缺陷，而同其他孩子一样健康快乐地成长。

自信心是健康人格的重要方面，是心理健康的标准，是前进的动力、成功的前提。自信心强的人，能充满信心地迎接各种挑战，并能想方设法获得成功，从而成为生活中的强者；而缺乏自信的人，往往退却顺从，易成为生活中的弱者。

吴老师的家教锦囊

怎样培养孩子的自信，家长最为关注的是做法。

首先，让我们给予孩子足够的时间和注意、进入孩子的世界、按照他的本相接纳他——不是只爱孩子的优点，而且也认可孩子的不足，就是对孩子的爱。鼓励能让孩子明白三件事情：父母关注他的成长与进步；他所努力的事情是正确的，受到父母的肯定；他所做的事情是有意义的，有价值的，值得更加努力。善用鼓励，慎用表扬，会增强孩子的自信心。孩子需要鼓励，如同植物需要浇水一样。

其次，自信自立的父母向孩子传递着正面积极的信息，而悲观、势利、怨天尤人的父母，向孩子传达着消极的信息，如不思进取、没有勇气、不能承受挫折、仰靠他人的评价、推卸责任、抱怨等。对孩子来讲，这是一部再生动不过的教科书。因此，望子成龙的父母，必先有一颗雄心，有一份斗志，有一种自信。只有积极进取、不懈努力、对自己有信心的父母，才能培育出充满自信与活力的孩子。

无须再列举古今中外的许多伟人，他们虽然有这样那样身体上的缺陷，但是凭借充分的自信，坚定的努力，在人生的坐标上找准了自己的位置。单是看看我们身边这样的人吧，他们的自强自立的态度不也在感染着我们，感动着我们吗？如果你以前为自己的相貌平平而自卑，为自己的身材矮小而泄气，现在你是不是觉得大可不必了？

肥胖不是你的错
——妄自菲薄可就不应该了

快下班时,刚想关闭电脑,QQ的一个可爱小头像却突然冒了出来,一闪一闪的,我急忙点开,原来是一个自称小雨的女生向我来倾诉她的烦恼。我敲击着键盘,希望能够帮助这个女孩早点走出失落。

学生:吴老师,您好,我是高二(7)班小雨,我是从学校网站上看到您的QQ号的,所以加了您,您有时间吗?我能和您聊聊吗?

吴老师:可以啊。有什么事情需要我帮忙吗?

学生:老师,说实话,我太难过了,真不想上学了。

吴老师:怎么了?有什么烦恼了吗?

学生:我因为长得有点胖,我们班同学给我起外号,管我叫"老肥猪",那些讨厌的男生还总是讽刺嘲笑我。

吴老师:同学之间的确不应该起这样侮辱人格的外号,这是他们的不对,不过,你不应该拿他们的缺点惩罚你自己呀,就因为这个就不想上学了吗?

学生:是啊,我痛苦死了。就因为我胖,从小到大,光受打击了。上小学的时候,我很想参加学校舞蹈队,和同学一起去报名,就因为胖,被刷下来了。上初中,有一次,班上搞主题班会,我自告奋勇竞选主持人,尽管我的普通话说得最好,发挥也很自然,结果还是落选。老师说有上级领导来观看我们的主题班会,要选形象好的。从那以后,我就比较介意自己的身材了,故意吃少点,可还是减不下去。

吴老师:女孩子也不能为了身材而故意节食,那对身体是有危害的。尤其是不要克制太狠了。可以慢慢来,不要吃高脂肪高热量的东西,一样可以减肥的。

学生： 是啊，我也知道这个道理，我们班同学小环就因为节食太厉害了，瘦倒是瘦下来了，可是她对我说，现在已经好几个月没来例假了。

吴老师： 那她还算是轻症状呢。厉害的会导致营养不良而引起女性闭经、怕冷，也有的会患神经性厌食症呢。而且对情绪和心理也会有影响。

学生： 可是不减肥，对情绪和心理也会有影响啊。我现在自卑得很，都不愿意和漂亮女生在一起。我们班那些臭男生整天说我"你看你脸上的横肉"，"你和肥肥都有一拼了"。弄得我真不想在学校待了，想转个学校。

吴老师： 转学可不是办法啊，新的学校也会有调皮多嘴的男生啊，你应该从两方面改变自己。一是调整一下不良生活习惯，比如不吃或少吃零食，做一些科学运动，比如早晨跑步锻炼。运动可激发人体内的快乐因子，同时也能让你的体重有所下降，更主要的是要适当调整心理，树立自信。

学生： 我都这样了，还怎么自信啊？

吴老师： 说到自信，对了，你刚才不是提到肥肥了吗？那不是香港著名演员、主持人沈殿霞的绰号吗？知道她还有一个绰号是什么吗？就是"开心果"呀，可以说，沈殿霞就是一个虽然外表肥胖，但内心充满自信乐观的人，她把自己的欢笑又传染给别人，给更多人带来了快乐。

学生： 是啊，我也很喜欢肥肥呢，她演的电影电视也很搞笑呢。

吴老师： 不知道你注意了没有，现在有些娱乐性选秀节目，有很多长得胖一些的女孩子，勇敢地走上舞台，展示自己的风采，博得了大家的好评。没有谁因为她们胖而瞧不起她们啊。

学生： 是的，我也看过。您这么一说，我觉得我也应该向她们学习，不过分在意自己的肥胖了。

吴老师： 对啊，也不要过分在意别人对自己的评价，甚至是讽刺挖苦，要记住："人不是因为美丽才可爱，而是因为可爱才美丽。"我们可以通过提升自己的其他素质，比如说修养、学识、谈吐、气质等等，提升自己的整体美，尤其是你作为一个学生，如果学习非常棒，这样别的同学都会非常敬佩你的啊。

学生： 是的，我应该多把注意力集中在学习上，不管那些臭男生的嘲笑了。嘿嘿，老师，谢谢您对我的开导，我现在心情好多了，也知道自己今后应该怎么做了。

吴老师： 老师希望你健康快乐地学习，同时能够充满自信地继续和同学们交往。

在对小雨进行劝说的同时，我也在担忧，现在中学生的体质健康状况的确不容乐观。目前，青少年超重与肥胖已经成为一个社会问题。查阅有关资料获知，肥胖，是指当人进食热量多于人体消耗量而以脂肪形式储存于体内，并超过标准体重的20%时，被称为肥胖。的确，在校园内经常可以看到这样的肥胖女生和男生。

其实，肥胖不仅对孩子的健康危害较大，尚处于生长发育阶段的中学生，因为心智还不够成熟，比较敏感脆弱，自尊心很强，会特别在意别人的看法，所以非常容易出现一些心理问题。

我们也来找找出现肥胖的原因吧。可以说，营养过剩是最主要的原因。过去人们总认为胖孩子健康、富态、可爱，总想把孩子养得胖一点。如今，单纯性肥胖已成为一个全球性重要的儿童健康问题。据调查，体重正常的孩子长大成为肥胖成人的概率为20%，而肥胖孩子成为肥胖成人的概率为70%。青少年时期肥胖为成人肥胖打下了基础，同时为成年后的高血压、高血脂、糖尿病、冠心病等严重危害人体健康的慢性疾病埋下了种子。

肥胖还造成孩子难以克服的心理行为损伤，使孩子的自尊心、自信心受到极大的伤害，对孩子性格塑造、气质培养、习惯养成有负面影响。说得严重点，由于社会习俗认同方面存在的偏见，肥胖者在升学、求职、社交、婚姻等方面都面临着更多的压力。

吴老师的家教锦囊

我们做家长的，不要小看这肥胖的危害，要反省一下自己，孩子肥胖是不是也有自己的责任。

首先，有些家长一味满足孩子的物质奢求，给孩子拥有的零花钱越来越多，甚至大人们省吃俭用，而孩子却任意挥霍，出现消费水平倒挂现象。孩子们可以乱买零食，造成孩子不良的饮食习惯，营养不均衡引起的疾病和肥胖者越来越多。

其次，有些家长在给孩子做饭的时候，不注意营养的合理搭配。我们应该了解，一般常见的五大营养素为：蛋白质、糖、脂肪、矿物质、维生素。它们各有作用，家长要注意膳食平衡。

特别要注意的是，当孩子为了迅速减轻体重，采取了少吃甚至不吃主食的方法。这个时候，做家长的应该知道，这种饥饿疗法是不可取的。因为除纯糖制品、烹调油、酒属于纯热量食品外，自然界的食物都含有多种人体必需的营养素。长时间的忍饥挨饿，虽可以暂时减轻了体重，但同时会造成多种营养物质供给不足，导致营养不良。这种减肥方法的结果是体重减轻，身体体质下降，免疫功能降低，同样会发生多种疾病，影响健康。

盲目减肥产生病态心理，造成厌食症，耽误发育与健康的例子也屡见不鲜。所以唯有讲究平衡，才是减肥者的正确途径。

家长们不妨多学习一些合理安排家庭膳食的知识，给孩子以正确的减肥的方法。当然，最重要的是，作为老师和家长，我们首先应该培养孩子健康的价值取向，不要取笑别人的缺陷，同时应该多和有这方面问题的孩子沟通，及时了解孩子的心理变化，出现问题给予必要的疏导。当由于遗传等因素造成孩子的肥胖不可改变时，培养他们乐观自信的态度是极为重要的。做一个像肥肥那样的人，不过多在意自己的外表，而是化劣势为优势，自己快乐的同时，将欢乐带给千家万户。

再来举个例子，央视电视节目主持人中，张越是我最喜欢的女主持人之一，非常欣赏她以富态雍容出了名的乐观洒脱，她以其特立独行的主持风格在观众心目中占有一席之地。但谁曾想到，她从小就因为肥胖而非常自卑，并为肥胖自卑十年。上中学时她最大的愿望就是希望所有的人最好都看不见自己，所以那时候她专门穿蓝色和灰色的衣服，就是想把自己彻底隐藏起来。说到自信的恢复，她说："这完全得益于我在整整 10 年的时间里，一直都在反抗内心已经形成的东西。我能做到这一点，除了天性不允许我永远生活在某种阴暗的心理之中外，还得感谢我始终没有放弃学习，读书能让我不断地从知识中汲取内心的力量。"

爱美之心，人皆有之。谁都希望自己能拥有健康的体魄，优美的身材。但是外表不能说明什么，人们对肥胖者不应存有歧视，更不该再给他们增加心理上的负担。同时，肥胖者自身也应该抛弃自卑感，"身体发肤，受之父母"，"走自己的路"，充满自信、开心地去生活。

尤其是女孩子，我引用网上的一句话，送给那些长得有点肥胖，或者不太漂亮的女孩子：长得漂亮不如活得漂亮！活得漂亮，就是活出一种精神、一种品位、一份至真至性的精彩。一个人只要不自弃，相信没有谁可以阻碍你进步。

与男生无关的一堂课
——谁说女生输男生

开学初,学校发了一则通知:请高一全体女生下午第二节课后,到大会议室集合。

几个男生围着小黑板,不解地嘀咕:凭什么给女生开会,不给我们男生开会啊?

哈哈,这是一堂与男生无关的课嘛!

吴老师:今天请全体女同学来,是为了给大家鼓鼓劲儿。经常有女同学向我咨询:是不是女生到了高中,学习成绩就不如男生了?甚至有些女生产生了严重的自卑心理。下面我们请校长给大家讲讲相关知识,开导开导大家。

张校长:同学们,进入高中以来,有的女生一改初中乐观开朗的精神和积极向上的学习态度,对自己的学习能力产生了不必要的怀疑。根据我多年的教学经验发现,相对于男生,女生更加细致、耐心。人们总说男生在学习上有后劲,尤其到了高中更明显,但据我观察,现在的很多女生学习上的竞争意识非常强,也非常有毅力,并不见得高中之后就会落后。反之,男生好奇心强、求知欲强,但是不太注重细节。以我所教过的物理学科为例,在学习过程中,男生理解能力整体强些,但女生表述更清楚。所以,女生大可不必妄自菲薄。

大家知道吗?2008年咱们河北省高考文理科总成绩第一名,与2007年一样,仍然都是女生。而据《京华时报》的消息,从2005年开始,北京市文理科状元已经连续4年被女生包揽了。

女状元增多了,这是社会进步的反映,因为应试同样是一种能力。再向社会上看,国家重点实验室里的女研究员、成功的女商人、卓有建树的女工程师……

各种行业女性精英的身影越来越多，都足以证明女性的能力在不断地增强。刚刚成功发射的"嫦娥一号"卫星背后，为其上天服务的各类专家在西昌卫星发射中心有4000多名，女科学家的比重约占1/10。

我希望大家从现在开始就树立信心，无论从心理上还是学业上，都不输给男生，好吗？

吴老师：我也是女性，我要帮咱们女生说句话。过去女生到了中学，有的学习不如男生，那并不都是智力问题，而是社会观念使女生自己把自己的思维空间禁锢了。现在的高考方式与过去有较大不同，时代的发展也从客观上给了咱们女生更多的施展空间。但是，社会上，女性有成就的仍然比男性少很多，我仍然认为，这不是能力差异，而是社会观念对女性的禁锢。如果女性可以获得平等的机会，有着与男性同样的舞台，相信女性的表现一定不会输给男性。

……

之后，我们又给女生们详细地分析讲解了她们在高中阶段的劣势以及优势，对女生信心的培养起到了良好的作用。

我们首先分析一下造成女生到高中阶段产生自卑或畏难情绪的种种原因吧。由于高中女学生正处于个体发育的成熟阶段，生理变化引起一系列的心理变化，体现在以下几个方面更为突出：自卑心理产生消极定式；盲目心理带来认知障碍；依赖心理造成智能萎缩；闭锁心理使其缺乏交流；脆弱心理使其失去学习毅力。具体表现如下：

一、闭锁的心理特征。升入高中的女生，个性发展的闭锁性特征越来越明显，不愿吐露心事，不愿暴露知识缺漏，不敢主动问老师，更不敢主动回答问题。不愿主动回答和提出问题是她们学好各门功课的一大障碍，造成盲点逐个积压，越积越多，成绩日趋下降。

二、学习受挫能力较弱，爱面子。考试测验成绩不理想；课堂上未能回答老师提出的问题；由于认知能力差，自学能力弱，在学习某章节知识时不能完全理解，跟不上；作业错误多等都有可能使学习积极性受挫，失去学习理科的热情。随着年龄的增长，大多数女同学的自尊心越来越强，不懂的问题不敢大胆请教老师、同学，怕别人笑话，不懂的问题越积越多，没法解决。

三、学习方法欠佳，尤其是对于理科的学习。理科中的定义、原理、定律都是从有关的概念和实践中总结出来的,而一个概念的掌握往往要通过感知、抽象、思维等心理过程得到理解而实现的。可是高中女生学习理科时往往存在以下不相适应的方法:

1. 观察范围局限。绝大多数女学生对身边的物理化学等现象漠不关心,没有兴趣观察。因此由于对周围环境的观察面较窄,使大脑缺乏丰富的直观形象,影响思维的活跃,从而影响对概念的理解。

2. 用机械识记代替理解记忆。理科中的原理、定义、定律都是有意义的,都是阐明客观事物的内在和外在联系的,要记住这些原理、定律,必须靠理解,绝大多数女生却将对理科的学习与跟读英语一样,大面积的采取机械记忆,忽视理解,忽视联系实际。这种不良的学习方法,使女生一进入高一,就陷入困境。

3. 缺乏分析、综合,归纳总结的能力。学好理科的关键还是要分析、综合能力强。据调查得知,只有少数的女生在学习中注意知识的总结。还有大部分女生抓考试仍然只抓记忆的知识,不注重知识的纵横联系,不注重应用,当然得分较低。

4. 忽视动手实验,缺乏创造性。据调查得知,只有极少数的女生愿意自己独立做实验,更多的女生选择一起做,甚至有的女生愿意只看不做,这与男生大相径庭。由于对实验的不重视,只记原理、步骤、结论,缺乏创造性,所以在高考中实验设计题的得分往往女生不如男生。

我们再来看看女生自身的优势:

其实,以现在的教育评价标准衡量,女孩子确实要占优势。因为现在的考试有许多知识点都需要死记硬背,女孩舍得下力气。而男生比较占优势的动手、实践等方面的能力,通过现在的书面考试方式往往难以检测出来。

从性格以及生理角度来分析,女生略胜一筹。单纯从教育层面看,女生的伶俐、张扬,或许正反衬出男生的整体性溃败。

吴老师的家教锦囊

其实,女生和其家长可知道,最终拿下高考好成绩的女生并不是低头死读书的学生,而是有些"阳刚"之气的女生,所以教育的过程仍然要从女生的身心处入手,解决她们的思想问题,进而推动对知识的吸收。

这里，我对女生推荐一些方法，家长朋友们针对自己孩子的特点，可以给予适当的帮助或点拨。

1."弃重求轻"，培养兴趣。女生理科能力的下降，环境因素及心理因素不容忽视。目前社会、家庭、学校对学生的期望值普遍过高。而女生性格较为文静、内向，心理承受能力较差，加上理科难度大，从而导致她们的学习兴趣淡化，能力下降。因此，家长要多关心孩子的思想和学习，经常同她们平等交谈，了解其思想上、学习上存在的问题，帮助其分析原因，制定学习计划，清除紧张心理，鼓励她们"敢问"、"会问"，激发其学习兴趣。

2."开门造车"，注重方法。在学习方法方面，女生比较注重基础，学习较扎实，喜欢做基础题，但解综合题的能力较差，更不愿解难题；女生上课记笔记，复习时喜欢看课本和笔记，但忽视上课听讲和能力训练；女生注重条理化和规范化，按部就班，但适应性和创新意识较差。因此，家长要提醒孩子"开门造车"，让她们暴露学习中的问题，有针对性地听课，强化双基训练，对综合能力要求较高的问题，学会利用等价转换、类比等理科思想，将问题转化为若干基础问题，还可以多学习他人成功经验，改进学习方法，逐步提高能力。

3."笨鸟先飞"，强化预习。女生受生理、心理等因素影响，对知识的理解、应用能力相对要差一些，对问题的反应速度也慢一些。因此，要提高课堂学习过程中的能力，课前的预习至关重要。可以编制预习提纲，对抽象的概念、逻辑性较强的推理、空间想象能力等要求较高的内容，要求通过预习有一定的了解，便于听课时有的放矢，易于突破难点、认真学习，还可以改变心理状态，变被动学习为主动参与。因此，要求女生强化课前预习、"笨鸟先飞"。

4."举一反三"，提高能力。"上课能听懂，作业能完成，就是成绩提不高。"这是高中阶段女生的共同"心声"。由于课堂知识单一，在老师的指导下，女生一般能听懂；课后的练习多是直接应用概念，她们能完成。但因速度和时间等方面的影响，她们不大注意课后的理解掌握和能力提高。因此，教学中要编制"套题"、"类题"、"变式题"，并对其中具有代表性的问题进行详尽的剖析，起到"举一反三"、"触类旁通"的作用，这有利于提高女生的物理能力。

5."扬长补短"，增加自信。在理科学习过程中，女生在运算能力方面，规范性强，准确率高，但运算速度偏慢、技巧性不强；在逻辑思维能力方面，善于直接推理、条理性强，但间接推理欠缺、思维方式单一；在空间想象能力方面，直觉思维敏捷、表达准确，但作图能力差；在应用能力方面，注重结果，但对过程忽视。因此，要注意发挥女生的长处，增加其自信心，使其有正视挫折的勇气和战胜困难的决心。

对照自己学习方法上的缺陷，并有的放矢加以改进，相信每个女生都能最大限度地发挥自己的潜能。

女生，女生，你的名字不再是柔弱、不再是落后，只要你树立起自信、只要你能扬长避短，最终一定不会输给男生！

一堂大班会课
——热爱生活，珍惜生命

前几日，惊闻外校的一名初一学生自杀了。关于原因，众说纷纭，但这一事件，在学生中引起了不少议论。我们在小范围召集部分学生座谈，了解现在的学生对这一现象所持的态度和观点。之后，我们对全校同学进行了一次"生命的教育"大班会。下面是学校书记发言的部分摘录：

亲爱的同学们，当一个孩子的生命骤然消失的时候，最痛苦的莫过于失去爱子爱女的父母们了。事情那么突然，这种打击身为人父人母如何面对？十余年的辛劳、关爱、厚望与期盼在一夜间被撞得粉碎，痛彻心腑。让我们用反省哀悼亡者，希望大家负起自己的责任，不再发生这种悲剧！

人没有生的权力，也就没有死的权力。生在哪个家庭，我们都不能左右，一出生就是社会的一员，有父母、亲戚，还会逐渐有好朋友，我们起码对他们就负有不可推卸的责任。一个人的离去，将对周围的人造成什么样的伤害与打击啊。尤其是对深爱自己的人，绝对是毁灭性的。从这个角度说，自杀，往往是一种很自私的行为，自杀者，也往往是自私的，他没有考虑周围的人，只是为了让自己得到解脱。即便生活再艰难，有再大的委屈，他也应该坚持活下去。事实上，很多自杀未遂者，往往会突然明白这个道理，理解生命的珍贵。

……

当你站在生命的十字路口时，请三思，想想你无法舍弃的一切，把你抚养成人的父母，一直鼓励你、陪伴你成长的朋友，还有对你充满希望的老师，当你做出决定，选择在开花的年龄结束自己的生命时，你给他们的，绝不仅仅是财产上的损失，更是一个精神上的折磨、踩躏，甚至打击，他们会崩溃的。

第八章 让孩子充满阳光，从走进内心开始

让我们每一个同学都热爱生活，珍惜生命！

据卫生部近期公布的调查结果显示，15~34岁人群死亡的第一原因不是医学上束手无策的什么疑难病症，而是自杀。并且自杀者年龄越来越低龄化，自杀地点的选择也层出不穷，死状多样。

我们首先要了解发生悲剧的一些根源，有助于防患于未然。

1. 心理障碍是学生自杀的主凶。现在有的学生动不动就产生自杀的念头，这是有心理障碍和认识上无知与幼稚的表现，这与性格不成熟有很大关系。有自杀倾向的学生往往具有内向抑郁的性格，表现出的心理障碍有：怯懦、抑郁、孤僻、狭隘、悲观、依赖、敏感、淡漠、多疑、冲动、焦虑、自卑、自私、脆弱、走极端、承受力较差等。这种心理障碍在外部因素的刺激下，很容易导致学生自杀。

2. 家长的过度娇惯和溺爱，孩子缺乏挫折教育。家长过度娇惯、保护孩子，是造成孩子任性、自私依赖惯性的根源。使他们在成长过程中没有一点吃苦耐劳、自我约束的意志。使孩子情感脆弱、承受能力差、很难接受压力。加上家长对他们的期望非常高，遇到打击时他们很少有倾诉的对象，更不用说寻求别人的帮助了。因此只要遇到小小的打击，他们就会出现自杀、自残、报复等过激行为。

现在的学生，大部分是独生子女，他们有的任性、自私、脆弱、独立精神差、承受挫折的能力差。这些不是思想品质问题，而是心理健康问题，所以需要挫折教育。

3. 孩子缺乏情商教育。在目前的教育中，智育压倒一切，在很多人眼里，学习成绩代表一切。除此之外，很多家长和教师对孩子的喜怒哀乐漠不关心。许多青少年身上普遍出现了冷漠、孤僻的情感特征，情感发育严重不足。

青少年时期是人一生中最重要的性格养成阶段，性格的培养比学习更能影响人的一生，所以应该重视情感教育，让孩子学会"爱"自己，"爱"别人。一个缺乏爱的人，不但会对他人冷漠，而且也会轻视自己，这是极危险的倾向。

4. "睡着了"误导了"死"。长期以来，我们的教育一直在回避死亡这个话题，比如亲人去世了，父母往往告诉孩子这是"睡着了"或者"去了一个很远很远的地方"。电视及网络游戏里有些角色自杀又死而复生等等。专家认为，这是对"死"最大的误导。一些企图自杀的青年对死亡的概念比较模糊，部分人甚至

认为死是可逆的、暂时的。他们之所以自杀，是因为自己不懂得生命的宝贵，对生命看得太轻。

另外还有诸如早恋问题、父母离异、家长总挑孩子毛病等等，孩子的自杀倾向也会增加。

多数自杀者会有意无意地露出蛛丝马迹，在行为方面可能与以往不相一致。当出现下列情况时，家长与老师应警惕：

1. 情绪反常。自杀者在自杀前往往情绪反常。平时忧郁，突然情绪好转，显得非常轻松、愉快；平时开朗愉快的人，突然无精打采，心事重重。

2. 性格反常。自杀者在自杀前往往表现出与平时不同的性格。一个内向文静的学生可能会变得多话活泼，一个外向开朗的学生可能会变得不爱讲话；平时吝啬的学生突然花钱如流水，平时说话尖刻的人突然对同学很友好，平时很守纪律的学生突然经常上课迟到，等等。当一个学生性格突然发生较大变化时，周围的人应对他有所警觉了。

3. 行为反常。自杀者在自杀前往往会出现一些让人感到莫名其妙的行为。如有的学生会毫无原因地对同学说一些告别的话，突然向同学祝福，突然喜欢在桥上、铁路边走来走去等。

4. 突然和人谈论生死问题。学生在自杀前喜欢和同学谈论生死问题和自杀的方式。因为自杀毕竟不是一件容易的事情，自杀者需要先说服自己接受自杀。同时，他们也希望别人说服自己放弃自杀，能给自己提供帮助。正是处于这样一种矛盾的心理状态下，他们不由自主地把生死挂在嘴边。

5. 写遗书。大部分中学生在自杀前会写遗书，留给亲人或朋友。这些遗书一般放在比较容易找到的地方，因此，有的学生在自杀前往往表现出写信频繁。

吴老师的家教锦囊

其实，我们绝大部分孩子都是积极阳光的，对于有这样那样迹象的孩子，做家长的应该对孩子进行如下方面的教育。

1. "贫穷"教育。并非一定要饥寒交迫，体验挨饿受冻的日子。目的在于让其懂得人间冷暖与事故多变，懂得辛劳与汗水里凝聚了什么，懂得生活本身就充满了坎坷，懂得幸福需要付出和努力，懂得"甘"与"苦"的道理。"贫穷"教育也就是一切从零开始，意识到父母只能赋予一次生命，而生活之路要靠自己，明白从生命的第一天起就接受生存的考验,树立自立、自强、自信的信念。

2. 懂得珍惜父母赋予的生命,就是感恩。最值得感恩的就是我们的父母,以及可以作"父母"的人。我们抛开为国贡献以及报效祖国这种高、大、沉的帽子,实实在在地做自己应该做的事情。想想父母十几年如一日地不辞辛劳;想想父母千方百计供你丰衣足食;想想父母脸上的皱纹写满了几多忧伤……作为子女难道就没有一分责任和一丝半缕的感激?

3. 增设死亡与生命教育。要教育孩子爱自己、爱他人、爱社会。一个缺乏爱的人,不但对他人冷漠,而且轻视自己,这是极为危险的倾向。孩子遇到一点挫折、打击,就选择终结生命作为解决方式,这除了心理脆弱和无知以外,跟社会、学校以及家庭对学生缺乏死亡和生命教育有关。生命和死亡教育在我国是一项空白。在国外,从初中二年级就有了关于死亡教育的课程。教育学生用客观、科学的态度看待死亡现象,珍惜生命;让他们明白生命只有一次,死亡会给亲人带来巨大的悲痛。唤起中学生对生命的关注,是非常必要的,建议学校加强这方面的教育。

4. 培养孩子的心理承受力。在国外常常有这样的演示课程:假设妈妈得了癌症或爸爸犯罪了,让学生扮演其中的角色,表演自己面临这种状况时该怎么做,其他同学会七嘴八舌提意见,大家一起讨论哪些方法可行、效果最好。经过这种训练,日后孩子遇到困难的时候,就不会束手无策甚至轻生了。虽然中国孩子的特点和生活环境与国外有很大不同,但类似的挫折教育还是值得家长和老师参考的。

引用陶行知的一句话:"人生即教育,教育即人生。"愿我们所有的孩子都能在自己漫漫的人生路上走好走远!

附录一

心理咨询教师的心理
——架起沟通桥梁，拯救孩子灵魂

　　1982年我师范大学毕业后，顺理成章地做了一名中学语文教师，并担任班主任。后来决心要做心理咨询教师，源于一次强烈的刺激。

　　有一天，学校里的一位女同学突然在家里自杀了，大致原因是爸爸妈妈要离婚，孩子觉得自己要被抛弃了，对生活产生了绝望。这个女生很内向，平时没有什么要好的同学，跟老师也很少交流。

　　我在安慰家长、安抚同学的同时，内心也充满自责，觉得如果自己懂得一些心理学知识，能够经常对孩子们进行心理疏导，在孩子们最需要帮助的时候，能够倾听他们的心声，能够为他们排忧解难。哪怕是关键时候，能够给他们一些有用的鼓励和建议，也要比光为他们讲一节语文课重要得多。于是报考了心理学函授班，学成后，向学校申请做了一名心理咨询教师。

　　我深知，一个孩子如果丧失了灵魂，无论他学习多么好，无论他的身体多么壮，对家庭，对国家都是一个无用之人。而要拯救一个孩子的灵魂，首先要走进他的灵魂深处，了解他的成长经历、家庭环境、生活态度等等。

　　学校在开办"家长学校"的同时，建立了"心理咨询室"，后又改为"阳光心语小屋"（改名的原因及过程见《不想走进咨询室——身体上的痛强于心理上的痛》一篇）。

　　作为心理咨询教师，我除了重点学生进行一般的咨询谈心外，还经常性地参与年级、班组的各项活动。利用一些心理治疗的简易方法对症下药。比如，在大考之前，总会有一些学生产生考试焦虑，表现出紧张、失眠等症状。除了对学生讲解调整应考动机、正确对待考试等具体要求外，我们还集中为学生做一做放松治疗，帮助他们缓解思想情绪，放松紧张心理，以取得好的成绩。

在这本书中我将自己多年来在家长学校以及对学生心理辅导方面的一些事例或活动讲给大家，并对这一事例折射出的类似现象或问题进行简要综合分析，目的是帮助更多的学生及其家长消除这方面的困惑，走出教育的误区。此外因为我自己有成功教育女儿的经验，所以还根据自己对家庭教育的理解以及自己的家教经验，给学生或家长们提出一些具体的建议和要求。

可能很多家长并不了解心理咨询教师是干什么的，为什么学校要有这样的教师。下面我做一个简单介绍。

联合国世界卫生组织曾提出过一个响亮的口号："健康的一半是心理健康。"并解释：健康不仅是指一个人没有疾病的症状和表现，而且是一个人的良好身体和精神以及社会的适应状态。联合国教科文组织规定每700个学生就应该有一个专业的心理咨询教师。

我们学校对这项工作非常重视，校本课程中，开设专门的心理健康教育课程，帮助学生了解心理科学知识，掌握一定的心理调节技术。一部分为知识理论课，如心理卫生常识讲座，心理调节问题答疑，焦点问题讨论等，指导学生在心理知识的学习中明确认识、矫正观念，以积极的态度去对待自己的心理冲突。

另一部分为活动训练课，这是在中学生开展心理健康教育最为有效的方法。活动内容包括：小品表演，角色模拟游戏，互访互问，辩论赛，以及其他活动形式。目的就是在活动中，学生不仅可以学习介绍自己、了解别人，与人交往的社交技能，还可以掌握一些诸如：转移情绪、宣泄痛苦、发泄愤怒的心理调节手段。这些都不失为防患于未然的好方法。

还有些学生或家长可能对心理咨询教师有些误解和偏见，这里，我再比较详细地为大家做些介绍，除了树立正确认识以外，更希望大家对心理咨询教师多些理解和支持。

在一般学校中，心理咨询教师有以下职责：

1. 心理咨询教师帮助分析并提供处理问题的良策

能够识别学生常见的心理问题，能够对少数存在心理问题或出现心理障碍的学生提供科学的咨询服务，这是心理咨询教师的主要职责。

心理咨询就是要使人比原来活得更轻松，更快活，更自信。心理咨询再三强调要尽量理解来询者的内心感受，尊重他的想法，激发他独立决策的能力，为的是什么——为的是强化来询者的自信心。

所以,任何一个心理咨询过程,无论其性质有多大不同,时间长短上有多少差别,本质上都是要帮助来询者从自卑和迷茫的泥潭中自己挣脱出来。换句话来说,要使来访者耷拉着脑袋进来,挺着腰杆出去。

2. 心理咨询教师对前来咨询者怀有一颗同情之心

心理咨询教师有责任帮助心理正常但又存在某种心理负担的学生解决其在学习、生活、人际交往等方面的心理不适应。减轻他们内心世界出现的矛盾,增强对挫折的承受能力。在认识、情感、态度和行为方面有所变化,学会发掘自身的潜能,去更好地适应环境,完善自我。

在心理咨询过程中,每一个学生都有其独特的心理世界,即使是同一类型的咨询内容也有差异性,况且学生的问题并不一定是咨询教师全部掌握的。但心理咨询教师会对咨询者始终保持真挚的情感。

真挚的情感是建立良好咨询关系的重要因素。学生在咨询教师轻松愉快、充满同情与理解的情感影响下,会打消自己的疑虑,积极配合咨询工作。

所以说,心理咨询是一种需要心理咨询工作者付出大量情感与精力的特殊职业,就其运用的技术而言,教师要运用共情、耐心、倾听、鼓励等技能帮助来访者,而这些技能都需要大量的情绪或情感投入。

3. 心理咨询教师不是"治精神病"的

在心理咨询还不普及的中国,提及这个词语,很多人会立刻把它与"精神病"、"心理变态"等字眼联系起来,认为只有那些心理有严重障碍的患者或者是精神病人才会去咨询。其实,心理咨询这个空间就像一个转换器,学生在心理咨询教师的帮助下,把不良的情绪释放掉,重新认识自己、接纳自己。

很多中国学生的心理承受能力差,什么事都闷在心里,也不懂得用适当的方式排解心中的郁闷,所以往往做出很多不为人们理解,甚至是极端的事情来。

心理咨询教师面对的应该是大多数的正常学生,只是在某些事情或某些方面有了疑惑,需要帮助分析疏导。并不是有了严重的心理疾病或有了精神病才来咨询。这应该是一种新潮的、高尚的求医行为,代表着新的医学模式和人们追求高质量生活的健康观念。

4. 心理咨询教师需要与来访者交流

有些咨询者将心理咨询教师神化，认为应该一眼就能看出咨询者的心理问题，否则就是不称职。另一种心理状态是咨询者羞于表达内心感受，不愿将自己的事情或心理感受吐露出来，认为心理咨询教师能够猜得出。

心理咨询不同于一般的安慰，就在于它不仅使人开心，更使人成长。这里的成长，就是通过咨询的过程，使来询者自己想通了，认清问题的本质，知道该怎么做，达到了人们常言的心理平衡。

总之，心理咨询不是说教，是聆听；不是训诫，是接纳；不是教导，是引导；不是控制，是参与；不是侦讯，是了解；不是遏止，是疏导；不是做作，是真诚；不是解答，是领悟；不是解决问题，是协助成长；不是表面屈从，是内心转变。

最后我衷心地希望，心理咨询能像冬日暖暖的阳光，驱散孩子们心头的寒气，使他们对过去的错误不再过于执著，让每个孩子都重新拥有生命的春天!

开办家长学校
——补救家长教育孩子方面的缺失

下面是初二（2）班小欣的家长，在学校网站"家长学校"专栏内发表的一封感谢信：

"家长学校"开学之前，我和女儿之间很少有话说，更谈不上沟通和交流。自贵校"家长学校"开学以来，我每课必到，认真倾听和记录老师和专家的肺腑之言。一些生动和鲜活的故事，使我的心灵受到震撼，潜移默化中接受了正确的家庭教育方法，改变和摒弃了我以前许多不当的做法，使得女儿对我这个父亲刮目相看。我将在"家长学校"学到的知识付诸实施后，孩子妈妈跟我说："女儿悄悄地告诉我说，你最近变了，变好了，变成一个好爸爸了！"

随着亲情的回归，女儿对我的态度也有了很大的改变。在此，我要衷心感谢贵校的领导和老师，你们开办的"家长学校"，犹如茫茫大海中的一座明亮的灯塔，为徘徊在家庭教育门口的我们指明了正确的前进方向，我深深体会到你们开办"家长学校"的良苦用心，你们真是一切为孩子着想，真心诚意地希望每个孩子都接受良好的家庭教育。

我要感谢"家长学校"，是你让我受益匪浅。我要经常提醒和鞭策自己，做一名负起女儿健康快乐成长责任的父亲，做一名不辜负学校老师期望的父亲，真正做一个好爸爸！

我校筹办多时的"家长学校"终于开学了！以教育好一个学生、幸福一家人、办好一所学校、造福一方社会的办学思想，由校长亲自担任"家长学校"的校长，书记主抓，并由工会主席、班主任代表、家长代表组成了家长委员会。

学校在经费极其紧张的情况下，重新装修了多功能室，并配备了电脑、大屏幕投影等，作为家长上课的教室。学校还建起了家长接待室，学校网站上也开辟了"家长学校"专栏。

我作为一名中学语文教师，又是心理学函授班毕业，就被选拔出来任专职心理咨询教师，专门负责"家长学校"日常工作，终于实现了自己的夙愿！在担任班主任期间，每当看到许多天性聪明的孩子，对家长的态度是那样的鄙夷不屑，对家长总是颐指气使，而有的家长对孩子只有唯唯诺诺，有的却只会拳脚相加。看到这些因家长的无知而造成孩子逆反的情景之后，我总是默默地祈愿，希望通过自己的努力，家长们都能接受再教育，对孩子不能只生不养，做真正合格的父母，做让孩子受益、自己舒心的家长。

关于开办"家长学校"的目的和意义，起初，尽管我们做了大量的工作，但有的家长不十分清楚。所以，开办初期，有的家长来上课或参加活动并不够积极。但随着活动的深入，越来越多的家长在这里接受了许多新的教育理念，学到了许多教育孩子的新方法并取得了明显的教育效果。他们逐渐对"家长学校"越来越认可，认为确实起到了补救家长教育孩子方面的缺失的作用。

而在当今的家庭教育中，家长不只是实施教育的一方，也面临着被教育的问题，对家长进行教育，让他们走进人生的第二课堂，使之建立起正确的教育理念，已经成为下一代成长当中非常迫切的问题。

我们看到父母身上所肩负的责任：小而言之，也许我们不能给孩子一个最好的家，但是我们可以竭尽所能给孩子创设一个良好的家庭环境和家庭教育！大而言之，国家的命运与其说操在掌权者手中，不如说握在父母手里。

我们通过调查发现，传统教育中的许多家长缺乏教育意识，或对孩子完全放任不管，他们认为，家庭只是生活的地方，不是孩子受教育的场所，将自己的孩子"全身心托付"给学校和老师，把学校当做了"托儿所"；也有的家长有一定的教育意识，但观念滞后、方式不当；有的片面追随所谓的教育观念潮流，把素质教育盲目等同于全能教育，不顾孩子的天资或兴趣，叫孩子参加形式各样的补习班、音乐班、书画班，弄得孩子成天疲于奔命，苦不堪言。

家长朋友们应该懂得和接受现代家庭教育有许多新的理念。比如：孩子不是你的私有财产；学会向孩子学习；学会和孩子平等交流是两代人共同成长的基石；只有不懂教的家长，没有教不好的孩子；问题孩子的产生主要源于问题家长；亲子教育要向亲职教育转变等等。

可以这样说，教育孩子的好坏不会跟我们家长花在孩子身上的时间成正比，而是跟我们教育孩子的方法成正比。

教育孩子首先不要输在家庭教育上。父母的教育，一举一动直接影响孩子的成长过程，孩子的成功与否与父母息息相关。而好父母都是学出来的！进入了21世纪，信息社会对人的素质要求越来越高，任何岗位都要求培训、考核，但似乎只有生养、教育孩子不需要培训，好像自动就会上岗而且永远不会下岗，其实这种认识是错误的。每一个人在做父母之前都要学习相关的知识，关于怎样做父母的意识和知识准备得越早越好，越充分越好。

也许你以前没有意识到做好家长需要培训，那么现在，"家长学校"为你提供了很好的课堂，你也要通过刻苦学习，最大限度地补救自己在教育孩子方面的缺失。

我们向家长介绍"家长学校"的一些具体措施，使家长明了怎样做到家校对孩子齐抓共管。

我们知道家长们所关注的最热点问题，是怎样把孩子培养成栋梁之材，这既是家长望子成龙的愿望，也是学校教书育人的目的。许多家长是非常爱孩子的，只是不懂得如何培养教育孩子。如不良家庭教育任其发展，则不是对孩子的爱而是对他们的害，"亡羊补牢，为时未晚"，通过"家长学校"的学习，许多家长从改变自己的言行做起，做好引导者，终究会硕果累累的。

对孩子的教育家校共抓，才能实现在学校的5天教育和2天的在家学习都有效果，达到5+2>7的目的。

畅通的交流渠道是家校合作的良好开端，我们采用了以下方式加强与家长的交流：

1. 开办家校通讯。可分为校级通讯、年级通讯和班级通讯，其内容可涉及学校工作计划、目标、年级组、班级情况、学生的个性展示、评论、好人好事等。学校通讯可由专人负责，年级、班级通讯可组织学生主办。

2. 开辟家校热线，回答家长提出的各类问题，也可为学生个别解答学习问题。

3. 为每一位学生建立《心理档案》。心理教师对学校的学生进行科学的心理素质测试，分析学生的心理状况，取得包括智力、情绪、情感、自我意识、人际关系、社会适应和学习等方面的重要资料。为教师和家长了解心理健康常识，了解孩子成长中的心理困惑和形成的原因，预防和矫治学生的不良行为心理寻找教育良方。

4. 建立各班的"家校联谊会"。由每班科任教师和部分家长组成的联谊会履行着教育合作的责任，联谊会有简易的章程，有常规的活动时间和固定的活动场所，定期交流信息，共同研究教育问题，以便在家长会上为家长们日常家庭教育工作提供指导。

5. 设立家长开放日。把开放日作为一年中的一项固定工作，在开放日当天，邀请全体学生家长来校听随堂课并参加主题班会，使他们直观感受孩子在学校的真实表现，同时增强学生的荣誉感。

总的来说，我们学校开办的"家长学校"，当前仍然主要是由学校向家长单向输出教育思想，热心的家长正成为家校合作教育的积极探索者。有的家长对照自己在"家长学校"所学的心理学教育学理论，主动反思自己的家庭教育行为，有的遇到问题能到学校向有经验的教师寻求帮助，还有许多家长和老师一道商讨孩子的教育计划。家庭教育的环境得到明显改善，孩子的问题行为发生率大为降低，已有的不良行为也及时得到矫治。不少家长在对孩子进行正常的家庭教育过程中，不断提高自身素养，为以后形成家庭学校平等互助的合作方式奠定了基础。

后记

女儿，你是妈妈学习的榜样

芮芮，去年十月份，你刚上大二不久。一次视频聊天，你说你报考了自学证券从业资格考试。本来，你在大一表现就已经非常出色了，除了担任学生会工作和参加了红十字协会外，学业上还拿了奖学金，虽然是你不太满意的丙等奖学金，但在人才济济的经济学基地班，这已经非常不容易了。你也通过了英语四级和计算机二级考试。爸爸妈妈觉得，你这么优秀了，干嘛才大二就要给自己增添这么大的负担？

你说，应该接受很多学长的教训，从大二起就要对自己做职业规划，趁着在学校的大好时光，多学知识，充实自己，为今后找工作做好充分的准备。多考一些证，这都是今后就业时证明自己实力的筹码。

芮芮，你很了不起呢，只用了一个多月的时间复习，就通过了五门课中的两门。今年寒假，你因为又要参加3月初的两门考试，便确定利用寒假的一个多月时间复习准备。

刚放寒假，妈妈经老同学推荐，为出版社写这本家庭教育的书。开始，你不赞成妈妈的写作，说整天上电脑容易伤害身体，尤其对眼睛不利。当妈妈告诉你，写作是妈妈多年来的习惯，出书是妈妈最大的愿望时，你表示理解。

这样，整个寒假，我们俩开始了较量。

白天，你坐在自己的书桌前捧书苦读，妈妈在电脑上"奋敲疾书"，一个小时左右，不是你催促妈妈下课休息，就是妈妈叫你做课间操，我们停下来，喝点水，吃个水果，交流一下，就又各自开始忙碌起来。

这个寒假，本来我们计划早晨办两张晨练卡，继续去"爱运动"体育馆打羽毛球的，但因为都有任务在身，只好作罢。不过，我们想了个休息的好办法，就是在家里的墙上打乒乓球，你特别要求妈妈多用左手打，说可以预防老年痴呆。妈妈这两年体检，血脂有点高，你硬是逼着妈妈养成了早晨起来喝一杯蜜水的习惯。

每天晚上，咱俩也是各忙各的，你爸爸就负责给我们做后勤工作，削苹果、剥橙子、煮梨水，服务得周周到到的。年前，我们也挤出时间去逛街，我们手拉手地串商场走街铺，购置了过年的衣食必需品。放假期间，尽管妈妈也在忙，但仍然使尽浑身解数继续为你这"馋嘴妮"做"美大厨"。以至于，快开学的时候，咱俩一称体重，都肥了四五斤。

即使是大年三十晚上，我们也没有停息工作。我们各自在自己的屋里忙碌着，当然，耳朵也顺便听着电视春节联欢晚会，当听到有我们喜欢的小品等节目时，就到客厅一起欣赏。大年初一到初三，我们稍微给自己放了假，走亲访友，你也参加了同学聚会。

妈妈经常是晚上睡觉的时候在头脑中构思写作内容，第二天早晨一醒来，马上在电脑上一挥而就，甚至有的时候半夜醒来睡不着了，也爬起来写作。就这样，一个月的时间，妈妈完成了十四万字的书稿。你也背起行囊踏上南去求学的列车。

现在咱们娘俩一个假期的努力都有了结果，你顺利通过考试。我的书也杀青付梓。

最后感谢出版社谷子等编辑，在我创作的过程中，你们高屋建瓴，为书的写作提供了很多有建设性的具体指导意见，我们的交流很畅快。你们总是非常尊重作者的意见，令我感动。

感谢我的校长张修良，在我写作过程中，您看了我的全部初稿，之后，我们做过多次交流，对一些问题相同的思考和理解，不断碰撞出思想的火花。他除了从校长的角度提出很多好建议外，还为我专心写作提供了方便。

感谢我的学生和他们的家长，你们对我的喜爱和信任让我更加了解到了你们的需要。

后 记

  感谢我雪之梦论坛的朋友，尤其感谢坛主雪莉和大帅雪中吟，冰点伊人写书的前后，曾在这里树立了自信，更收获了快乐！

  感谢我的父亲，是您让我从小养成写日记和随笔的习惯，现在才能够做到厚积薄发。教学中，我总是要求学生养成写周记的好习惯（现在的学生没有时间写日记）。记录自己的成长轨迹，同时也积累写作素材。

  最要感谢的是我的女儿，你不仅让妈妈沉浸、沐浴在幸福与自豪中，而且这本书的写作，很多灵感就来自我们平时的生活，很多内容就摘自妈妈的博客。

2010.3